STEP 1

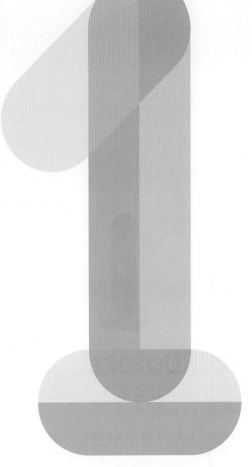

내 신 필 수 어 휘 정 복 7 단 계 프 로 젝 트

WORD SCIENCE

KB108251

PAGODA Books

STEP 1

내 신 필 수 어 휘 정 복 7 단 계 프 로 젝 트

WORD SCIENCE

초판 1쇄 발행 2014년 10월 16일
초판 11쇄 발행 2023년 6월 8일

지 은 이 | 파고다교육그룹 언어교육연구소
펴 낸 이 | 박경실
펴 낸 곳 | **PAGODA Books** 파고다북스
출판등록 | 2005년 5월 27일 제 300-2005-90호
주   소 | 06614 서울특별시 서초구 강남대로 419, 19층(서초동, 파고다타워)
전   화 | (02) 6940-4070
팩   스 | (02) 536-0660
홈페이지 | www.pagodabook.com

ISBN 978-89-6281-590-0 (54740)

파고다북스   www.pagodabook.com
파고다 어학원   www.pagoda21.com
파고다 인강   www.pagodastar.com
테스트 클리닉   www.testclinic.com

▎낙장 및 파본은 구매처에서 교환해 드립니다.

STEP 1

내신 필수 어휘 정복 7단계 프로젝트

WORD SCIENCE

PAGODA Books

●●● Introduction

어휘력이 영어 실력의 기본!!

단어! 아무리 강조해도 지나치지 않죠? 어휘력이
곧 영어 실력입니다. 『WORD SCIENCE』7단계
시리즈를 통해 어휘를 미리미리 학습해 두세요.

단어만 외우면 된다??

『WORD SCIENCE』는 단어와 모범예문을 원어
민의 정확한 발음이 녹음된 음성과 함께 제공합
니다. 음성을 들으면서 단어와 예문을 암기하다
보면 듣기는 물론 문법까지 한 번에 정복할 수 있
습니다.

단어 학습도 과학!!

단어를 암기하는 방법에 따라 그 효과는 천차만
별입니다. 그래서 단어암기도 과학적으로 외워야
죠. 『WORD SCIENCE』는 에빙하우스의 '망각곡
선 이론'에 근거하여 가장 완벽한 암기를 위해 7
단계 반복학습으로 구성하였습니다. 이제 한 번
외운 단어, 끝까지 가지고 갈 수 있습니다.

내신 필수 어휘 정복 프로젝트!!

『WORD SCIENCE』는 어휘력을 차근차근 다져
나갈 수 있도록 초등 필수 어휘부터 중학 필수 어
휘까지 단계별로 정리하였습니다. 아울러 온라인
으로 제공하는 '어휘력 진단테스트'를 통해 자신
의 어휘력을 진단해 나갈 수 있도록 구성하였습
니다.

WORD SCIENCE

○○○● Contents

○○○● How to use

1단계 - New Words & Practice

모르는 단어 체크하고 외우기

새로 배우는 어휘를 확인하고 쓰기 연습을
하며 암기해 봅니다.

2단계 - Sentences

단어와 문장을 듣고 따라하며, 단어 뜻 외우기

단어의 뜻을 빈칸에 적고 CD를 들으면서 따라
말해 봅니다.

3단계 - Memory Box

어제 익힌 10 단어 암기 확인하기

어제 익힌 단어가 암기되었는지 우리말 뜻을
보면서 영어 단어를 적어 봅니다.

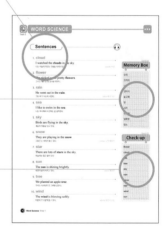

4단계 - check-up

오늘 익힌 10 단어 암기 확인하기

오늘 익힌 단어의 우리말 뜻을 적으면서
점검해 봅니다.

5단계 - Dictation Test

30 단어 듣고 받아쓰기

3개의 Unit이 끝나면 CD를 듣고 정확한 발음을
익히며 단어와 뜻을 받아써 봅니다.

6단계 - Part Test

60 단어 암기 확인 테스트

1개의 Part가 끝나면 Part Test를 통해
중요한 60 단어를 확인합니다.

7단계 - Online Test

120 단어 Online Test

2개의 Part가 끝나면 www.pagodabook.com에
로그인하여 WORD SCIENCE 온라인 테스트를 풀어 봅니다.
채점표 결과에 나온 틀린 단어를 확인하고
다시 한 번 복습해 봅니다.

◎ 단계별 어휘력 진단 테스트도 있어요!!

한 단계가 끝나면 www.pagodabook.com에 로그인하여 어휘력 진단 테스트를 받고, 어휘력 분석을
토대로 현재의 어휘력과 문제점, 향후 학습 방향 등을 점검할 수 있습니다.

WORD SCIENCE

Part 1

Part 1

Unit 01	Unit 02	Unit 03	Unit 04	Unit 05	Unit 06
□ bear	□ cloud	□ book	□ new	□ enjoy	□ bad
□ dolphin	□ flower	□ chair	□ nice	□ learn	□ good
□ duck	□ rain	□ chalk	□ quiet	□ play	□ old
□ elephant	□ sea	□ class	□ ready	□ pull	□ young
□ goat	□ sky	□ desk	□ short	□ stay	□ cold
□ horse	□ snow	□ map	□ sick	□ turn	□ hot
□ lion	□ star	□ page	□ slow	□ help	□ dirty
□ monkey	□ sun	□ pencil	□ small	□ jump	□ clean
□ puppy	□ tree	□ school	□ sorry	□ look	□ poor
□ zebra	□ wind	□ student	□ strong	□ push	□ rich

Date: /

Signature:

New words

- ☐ **bear** [bɛər] 　명 곰
- ☐ **dolphin** [dálfin] 　명 돌고래
- ☐ **duck** [dʌk] 　명 오리
- ☐ **elephant** [éləfənt] 　명 코끼리
- ☐ **goat** [ɡout] 　명 염소
- ☐ **horse** [hɔːrs] 　명 말
- ☐ **lion** [láiən] 　명 사자
- ☐ **monkey** [mʌ́ŋki] 　명 원숭이
- ☐ **puppy** [pʌ́pi] 　명 강아지
- ☐ **zebra** [zíːbrə] 　명 얼룩말

Practice

bear

dolphin

duck

elephant

goat

horse

lion

monkey

puppy

zebra

Sentences

1. **bear**

   The **bear** loves honey.
   곰은 꿀을 아주 좋아한다.
   · cub 곰새끼

2. **dolphin**

   The **dolphin** show was fun.
   돌고래 쇼는 재미있었다.

3. **duck**

   Ducks are swimming in the pond.
   오리들이 연못에서 헤엄치고 있다.

4. **elephant**

   The **elephant** has a long nose.
   코끼리는 코가 길다.

5. **goat**

   My uncle keeps some **goats**.
   우리 (외)삼촌은 염소 몇 마리를 기르신다.

6. **horse**

   Horses can run very fast.
   말은 아주 빨리 달릴 수 있다.

7. **lion**

   The **lion** is a strong animal.
   사자는 힘센 동물이다.
   · tiger 호랑이

8. **monkey**

   Monkeys like to eat bananas.
   원숭이는 바나나 먹기를 좋아한다.

9. **puppy**

   I got a **puppy** for my birthday.
   나는 생일에 강아지 한 마리를 받았다.

10. **zebra**

    The **zebra** has black and white stripes.
    얼룩말은 검고 흰 줄무늬가 있다.

Unit 01

Check-up

puppy
dolphin
duck
goat
bear
zebra
horse
lion
elephant
monkey

Date: /   Signature:

New words 📖

- ☐ **cloud** [klaud] 　명 구름 _____
- ☐ **flower** [fláuər] 　명 꽃 _____
- ☐ **rain** [rein] 　명 비 _____
- ☐ **sea** [si:] 　명 바다 _____
- ☐ **sky** [skɑi] 　명 하늘 _____
- ☐ **snow** [snou] 　명 눈 _____
- ☐ **star** [stɑ:r] 　명 별 _____
- ☐ **sun** [sʌn] 　명 태양 _____
- ☐ **tree** [tri:] 　명 나무 _____
- ☐ **wind** [wind] 　명 바람 _____

Practice ✏️

cloud			
flower			
rain			
sea			
sky			
snow			
star			
sun			
tree			
wind			

Sentences

1. cloud

I watched the **clouds** in the sky.
나는 하늘에 떠있는 구름을 바라보았다.

· cloudy 흐린

2. flower

She picked some pretty **flowers**.
그녀는 예쁜 꽃 몇 송이를 꺾었다.

3. rain

He went out in the **rain**.
그는 비가 오는데 나갔다.

· rainy 비가 오는

4. sea

I like to swim in the **sea**.
나는 바다에서 수영하는 걸 좋아한다.

5. sky

Birds are flying in the **sky**.
새들이 하늘을 날고 있다.

6. snow

They are playing in the **snow**.
그들은 눈 속에서 놀고 있다.

· snowy 눈이 내리는

7. star

There are lots of **stars** in the sky.
하늘에는 많은 별이 있다.

8. sun

The **sun** is shining brightly.
태양이 밝게 비치고 있다.

· sunny 화창한

9. tree

We planted an apple **tree**.
우리는 사과나무 한 그루를 심었다.

10. wind

The **wind** is blowing softly.
바람이 부드럽게 불고 있다.

· windy 바람이 부는

Unit 01

Memory Box

오리
코끼리
곰
강아지
돌고래
말
사자
원숭이
얼룩말
염소

Unit 02

Check-up

flower
cloud
sea
tree
sky
rain
snow
star
wind
sun

Date: /

Signature:

New words

- ☐ **book** [buk]　　명 책
- ☐ **chair** [tʃɛər]　　명 의자
- ☐ **chalk** [tʃɔːk]　　명 분필
- ☐ **class** [klæs]　　명 수업, 학급
- ☐ **desk** [desk]　　명 책상
- ☐ **map** [mæp]　　명 지도
- ☐ **page** [peidʒ]　　명 쪽, 페이지
- ☐ **pencil** [pénsəl]　　명 연필
- ☐ **school** [skuːl]　　명 학교
- ☐ **student** [stjúːdənt]　　명 학생

Practice

book

chair

chalk

class

desk

map

page

pencil

school

student

WORD SCIENCE

Sentences

1. book

Did you finish reading the **book**?
너는 책 읽는 걸 끝마쳤니?

2. chair

Your bag is under the **chair**.
네 가방은 의자 아래에 있다.

3. chalk

The teacher is writing with red **chalk**.
선생님께서 빨간색 분필로 쓰고 계신다.

4. class

Class begins at nine o'clock.
수업은 9시에 시작한다.

5. desk

There are some books on the **desk**.
책상 위에 책이 몇 권 있다.

6. map

Look at the **map** on the wall.
벽에 있는 지도를 보아라.

7. page

Open your book to **page** seven.
책 7쪽을 펴라.

8. pencil

Can I use your **pencil**?
연필을 써도 되겠니?

9. school

I was late for **school** this morning.
나는 오늘 아침에 학교에 늦었다.

10. student

Miss Kim is kind to her **students**.
김 선생님은 학생들에게 친절하다.

Unit 02

Memory Box

꽃
눈
나무
비
구름
바다
하늘
별
바람
태양

Unit 03

Check-up

chair
map
book
class
page
desk
pencil
student
chalk
school

····▶ Dictation Test 1을 위해 106페이지로 이동해 주세요.

| Date: / | Signature: |

New words

- ☐ **new** [njuː]　　형 새로운
- ☐ **nice** [nɑis]　　형 좋은, 기쁜
- ☐ **quiet** [kwáiət]　형 조용한
- ☐ **ready** [rédi]　　형 준비가 된
- ☐ **short** [ʃɔːrt]　　형 짧은, 키가 작은
- ☐ **sick** [sik]　　　형 아픈
- ☐ **slow** [slou]　　형 느린
- ☐ **small** [smɔːl]　형 작은
- ☐ **sorry** [sɑ́ri]　　형 미안한
- ☐ **strong** [strɔ(ː)ŋ]　형 힘센, 강한

Practice

new

nice

quiet

ready

short

sick

slow

small

sorry

strong

Sentences

1. **new**

   She bought a **new** dress.
   그녀는 새 드레스를 한 벌 샀다.
   · old 오래된

2. **nice**

   It is **nice** to meet you.
   당신을 만나서 기뻐요.

3. **quiet**

   You should be **quiet** in the library.
   도서관에서 조용히 해야 한다.
   · noisy 시끄러운

4. **ready**

   Are you **ready** to leave?
   떠날 준비가 되었니?

5. **short**

   She has **short** hair.
   그녀는 머리가 짧다.
   · long 긴, tall 키가 큰

6. **sick**

   I was **sick** in bed yesterday.
   나는 어제 아파서 누워 있었다.
   · ill 아픈

7. **slow**

   Turtles are very **slow**.
   거북이는 아주 느리다.

8. **small**

   The shoes are too **small** for me.
   신발이 나에게 너무 작다.

9. **sorry**

   I am **sorry** for being late.
   늦어서 미안합니다.

10. **strong**

    The little boy was very **strong**.
    그 작은 소년은 힘이 아주 셌다.

Memory Box
Unit 03

의자
책
분필
수업, 학급
책상
학교
지도
쪽, 페이지
연필
학생

Check-up
Unit 04

short
nice
strong
quiet
slow
small
new
sick
sorry
ready

New words 📖

☐ **enjoy** [endʒɔ́i] 동 즐기다 _____

☐ **learn** [ləːrn] 동 배우다 _____

☐ **play** [plei] 동 연주하다, 놀다 _____

☐ **pull** [pul] 동 당기다, 끌다 _____

☐ **stay** [stei] 동 머무르다 _____

☐ **turn** [təːrn] 동 돌리다 _____

☐ **help** [help] 동 돕다 _____

☐ **jump** [dʒʌmp] 동 뛰다 _____

☐ **look** [luk] 동 보다 _____

☐ **push** [puʃ] 동 밀다 _____

Practice ✏️

enjoy				
learn				
play				
pull				
stay				
turn				
help				
jump				
look				
push				

Sentences

1. enjoy

I **enjoy** reading books.
나는 책 읽는 걸 즐긴다.

2. learn

I **learned** to ski last winter.
나는 지난 겨울에 스키 타는 걸 배웠다.

3. play

Can you **play** the violin?
바이올린을 연주할 수 있니?

4. pull

A horse **pulled** the wagon.
말 한 마리가 마차를 끌었다.

· push 밀다

5. stay

I **stayed** at a hotel in London.
나는 런던의 한 호텔에 머물렀다.

6. turn

I **turned** the key in the lock.
나는 열쇠를 자물쇠에 넣어 돌렸다.

7. help

I **helped** mom wash the dishes.
나는 엄마가 접시 닦는 걸 도왔다.

8. jump

The dog **jumped** over the fence.
그 개는 울타리를 뛰어 넘었다.

9. look

Look at the funny monkey.
저 우스꽝스러운 원숭이를 좀 봐.

10. push

She **pushed** the shopping cart.
그녀는 쇼핑 카트를 밀었다.

· pull 당기다

Unit 04

Memory Box

새로운
조용한
작은
준비가 된
짧은, 키가 작은
좋은, 기쁜
아픈
미안한
느린
힘센, 강한

Unit 05

Check-up

learn
play
jump
enjoy
pull
stay
turn
look
help
push

Date: /

Signature:

New words

- ☐ **bad** [bæd]　형 나쁜
- ☐ **good** [gud]　형 좋은, 즐거운
- ☐ **old** [ould]　형 늙은, …살의
- ☐ **young** [jʌŋ]　형 젊은, 어린
- ☐ **cold** [kould]　형 추운
- ☐ **hot** [hɑt]　형 더운
- ☐ **dirty** [dɔ́ːrti]　형 더러운
- ☐ **clean** [kliːn]　형 깨끗한
- ☐ **poor** [puər]　형 가난한
- ☐ **rich** [ritʃ]　형 부유한

Practice

bad

good

old

young

cold

hot

dirty

clean

poor

rich

Sentences

1. bad

It's **bad** to tell a lie.
거짓말하는 것은 나쁘다.

2. good

It is **good** to help others.
남을 돕는 것은 좋은 일이다.

3. old

She is too **old** to carry the box.
그녀는 너무 늙어 그 상자를 나를 수 없다.

4. young

He is too **young** to watch the movie.
그는 너무 어려서 그 영화를 볼 수 없다.

5. cold

It is **cold** in winter.
겨울에는 춥다.   · cool 시원한

6. hot

It is **hot** in summer.
여름에는 덥다.   · warm 따뜻한

7. dirty

She was wearing a **dirty** dress.
그녀는 더러운 옷을 입고 있었다.

8. clean

The dishes were very **clean**.
접시는 아주 깨끗했다.

9. poor

She is **poor** but she is happy.
그녀는 가난하지만 행복하다.

10. rich

He was **rich** but he wasn't happy.
그는 부유했지만 행복하지 않았다.

Unit 05

Memory Box

배우다
보다
연주하다, 놀다
밀다
즐기다
당기다, 끌다
돌리다
돕다
머무르다
뛰다

Unit 06

Check-up

poor
bad
young
good
cold
hot
old
dirty
rich
clean

····▸ Dictation Test 2를 위해 107페이지로 이동해 주세요.

Signature: | Score: / 50

A Write down the meanings of the English words.

1. bear
2. cold
3. small
4. duck
5. snow
6. lion
7. zebra
8. clean
9. rich
10. flower

11. tree
12. desk
13. help
14. pencil
15. ready
16. chair
17. strong
18. learn
19. stay
20. push

B Write the English words for the Korean.

1. 돌고래
2. 말
3. 강아지
4. 돌리다
5. 보다
6. 젊은, 어린
7. 구름
8. 더러운
9. 수업, 학급
10. 짧은, 키가 작은

11. 느린
12. 미안한
13. 바다
14. 별
15. 바람
16. 쪽, 페이지
17. 학생
18. 즐기다
19. 당기다, 끌다
20. 가난한

C Choose the right words to fill in the blanks.

| sky | monkeys | old | nice | play |
| jumped | school | elephant | quiet | sun |

1. The _____ has a long nose.

2. Birds are flying in the _____ .

3. The dog _____ over the fence.

4. I was late for _____ this morning.

5. It is _____ to meet you.

6. _____ like to eat bananas.

7. You should be _____ in the library.

8. The _____ is shining brightly.

9. Can you _____ the violin?

10. She is too _____ to carry the box.

WORD SCIENCE

Part 2

Part 2

Date: /

Signature:

New words

- □ **bowl** [boul] 명 그릇, 통
- □ **dish** [diʃ] 명 접시
- □ **door** [dɔːr] 명 문
- □ **house** [hɑus] 명 집
- □ **kitchen** [kítʃin] 명 부엌
- □ **lamp** [læmp] 명 램프
- □ **room** [ruːm] 명 방
- □ **spoon** [spuːn] 명 숟가락, 스푼
- □ **table** [téibəl] 명 테이블, 탁자
- □ **window** [wíndou] 명 창(문)

Practice

bowl

dish

door

house

kitchen

lamp

room

spoon

table

window

Sentences

1. **bowl**

   I put the salad **bowl** on the table.
   나는 샐러드 그릇을 식탁에 놓았다.

2. **dish**

   Dad washed the **dishes** for mom.
   아빠는 엄마를 위해 설거지 했다.   · plate 접시

3. **door**

   Can you open the **door**, please?
   문을 좀 열어줄래요?

4. **house**

   My **house** is near the park.
   우리 집은 공원 근처에 있다.

5. **kitchen**

   Mom is cooking in the **kitchen**.
   엄마는 부엌에서 요리하고 계신다.

6. **lamp**

   He switched on the **lamp**.
   그는 램프를 켰다.

7. **room**

   He was reading in his **room**.
   그는 자기 방에서 책을 읽고 있었다.

8. **spoon**

   Eat your soup with a **spoon**.
   스푼으로 수프를 먹어라.   · knife 칼, fork 포크

9. **table**

   Mom is setting the **table**.
   엄마가 식탁을 차리고 계신다.

10. **window**

    Dad was looking out the **window**.
    아빠는 창문 밖을 내다보고 계셨다.

Unit 06

Memory Box

좋은, 즐거운
늙은, …살의
나쁜
젊은, 어린
부유한
추운
더운
깨끗한
더러운
가난한

Unit 07

Check-up

lamp
dish
door
spoon
table
house
kitchen
room
bowl
window

Date: /   Signature:

New words 📖

- ☐ **king** [kiŋ]   명 왕 _____
- ☐ **queen** [kwiːn]   명 여왕, 왕비 _____
- ☐ **mother** [mʌ́ðər]   명 어머니 _____
- ☐ **father** [fáːðər]   명 아버지 _____
- ☐ **sister** [sístər]   명 여자형제, 자매 _____
- ☐ **brother** [brʌ́ðər]   명 형제 _____
- ☐ **uncle** [ʌ́ŋkəl]   명 (외)삼촌 _____
- ☐ **aunt** [ænt]   명 고모, 이모 _____
- ☐ **cousin** [kʌ́zn]   명 사촌 _____
- ☐ **nephew** [néfjuː]   명 남자 조카 _____

Practice ✏️

king _____

queen _____

mother _____

father _____

sister _____

brother _____

uncle _____

aunt _____

cousin _____

nephew _____

WORD SCIENCE

Sentences

1. **king**
   The **king** was fat and short.
   왕은 뚱뚱하고 키가 작았다.

2. **queen**
   The **queen** was thin and tall.
   왕비는 마르고 키가 컸다.

3. **mother**
   My **mother** works at a bank.
   우리 어머니는 은행에서 일하신다.

4. **father**
   Her **father** works at a hotel.
   그녀의 아버지는 호텔에서 일하신다.

5. **sister**
   His **sister** wants to be a nurse.
   그의 여동생은 간호사가 되기를 원한다.

6. **brother**
   My **brother** became a doctor.
   우리 형은 의사가 되었다.

7. **uncle**
   My **uncle** lives on the farm.
   우리 (외)삼촌은 농장에서 사신다.

8. **aunt**
   Where does your **aunt** live?
   너의 고모는 어디에 사시니?

9. **cousin**
   He is taking a walk with his **cousin**.
   그는 사촌과 산책을 하고 있다.

10. **nephew**
    I went to a movie with my **nephew**.
    나는 조카와 영화를 보러 갔다.
    · niece 여자 조카

Unit 07

Memory Box

창(문)
접시
그릇, 통
집
숟가락, 스푼
부엌
문
램프
방
테이블, 탁자

Unit 08

Check-up

mother
nephew
father
king
sister
uncle
queen
aunt
brother
cousin

New words

- ☐ **chin** [tʃin] 　명 턱
- ☐ **ear** [iər] 　명 귀
- ☐ **face** [feis] 　명 얼굴
- ☐ **hair** [hɛər] 　명 머리카락
- ☐ **hand** [hænd] 　명 손
- ☐ **head** [hed] 　명 머리
- ☐ **leg** [leg] 　명 다리
- ☐ **neck** [nek] 　명 목
- ☐ **nose** [nouz] 　명 코
- ☐ **shoulder** [ʃóuldər] 　명 어깨

Practice

chin

ear

face

hair

hand

head

leg

neck

nose

shoulder

Sentences

1. chin

He was rubbing his **chin**.
그는 자기 턱을 문지르고 있었다.

2. ear

Rabbits have long **ears**.
토끼는 귀가 길다.

3. face

Did you wash your **face**?
너는 얼굴을 씻었니?

4. hair

She has long blond **hair**.
그녀의 머리카락은 긴 금발이다.

5. hand

Clap your **hands** three times.
손뼉을 세 번 쳐라.

6. head

A baseball hit my **head**.
나는 야구공에 머리를 맞았다.   · headache 두통

7. leg

He broke his left **leg**.
그는 왼쪽 다리가 부러졌다.

8. neck

Giraffes have long **necks**.
기린은 목이 길다.

9. nose

He has a runny **nose**.
그는 콧물을 흘리고 있다.

10. shoulder

I rode on Dad's **shoulders**.
나는 아빠 어깨에 올라탔다.

Unit 08

Memory Box

여왕, 왕비
어머니
왕
아버지
여자형제, 자매
(외)삼촌
남자 조카
고모, 이모
형제
사촌

Unit 09

Check-up

neck
chin
face
shoulder
hand
ear
head
hair
leg
nose

···▶ Dictation Test 3를 위해 108페이지로 이동해 주세요.

Date: /

Signature:

New words

☐ **able** [éibəl] 　형 …할 수 있는

☐ **absent** [ǽbsənt] 　형 결석의

☐ **cute** [kjuːt] 　형 귀여운

☐ **fat** [fæt] 　형 살찐, 뚱뚱한

☐ **fine** [fain] 　형 좋은, 훌륭한

☐ **free** [friː] 　형 한가한, 자유로운

☐ **glad** [glæd] 　형 기쁜

☐ **great** [greit] 　형 큰, 위대한

☐ **ill** [il] 　형 병든

☐ **long** [lɔːŋ] 　형 (길이, 거리가) 긴

Practice

able

absent

cute

fat

fine

free

glad

great

ill

long

Sentences

1. able

My dog is **able** to jump high.
우리 개는 높이 뛸 수 있다.

· ability 능력

2. absent

I was **absent** from school.
나는 학교에 결석했다.

3. cute

The little baby is so **cute**.
그 작은 아기는 너무 귀엽다.

4. fat

The **fat** man jogs every morning.
그 뚱뚱한 남자는 매일 아침 조깅을 한다.

· thin 마른

5. fine

It is really **fine** today.
오늘은 날씨가 정말 좋다.

6. free

Are you **free** this afternoon?
오늘 오후에 한가하니?

· freedom 자유

7. glad

I'm so **glad** to see you here.
여기서 너를 만나 너무 기쁘다.

8. great

She became a **great** scientist.
그녀는 위대한 과학자가 되었다.

9. ill

I was **ill** all the weekend.
나는 주말 내내 아팠다.

· sick 아픈

10. long

She has very **long** legs.
그녀는 다리가 아주 길다.

· short 짧은

Unit 09

Memory Box

다리
귀
머리
얼굴
턱
머리카락
손
코
어깨
목

Unit 10

Check-up

free
glad
fat
great
absent
ill
able
cute
fine
long

Date: /

Signature:

New words

- walk [wɔːk] 동 걷다
- wash [wɑʃ] 동 씻다
- finish [fíniʃ] 동 끝내다
- start [staːrt] 동 시작하다
- want [wɔ(ː)nt] 동 …을 원하다
- visit [vízit] 동 방문하다
- wait [weit] 동 기다리다
- arrive [əráiv] 동 도착하다
- dance [dæns] 동 춤추다
- hate [heit] 동 몹시 싫어하다

Practice

walk			
wash			
finish			
start			
want			
visit			
wait			
arrive			
dance			
hate			

WORD SCIENCE

Sentences

1. walk

We **walk** to school together.
우리는 함께 걸어서 학교에 간다.

2. wash

Wash your hands before you eat.
먹기 전에 손을 씻어라.

3. finish

I **finished** reading the book.
나는 그 책을 읽는 걸 끝냈다.

4. start

The show **starts** at nine o'clock.
그 쇼는 9시에 시작한다.

5. want

Do you **want** to eat something?
뭐 먹고 싶니?

6. visit

I **visited** New Zealand last year.
나는 작년에 뉴질랜드를 방문했다.
· visitor 방문객

7. wait

I **waited** for him for an hour.
나는 그를 한 시간 동안 기다렸다.

8. arrive

I just **arrived** at the station.
나는 역에 방금 도착했다.
· arrival 도착

9. dance

We **danced** at the party.
우리는 파티에서 춤을 추었다.
· dancer 무용수

10. hate

I **hate** to get up early.
나는 일찍 일어나는 것을 몹시 싫어한다.

Unit 10

Memory Box

…할 수 있는
병든
결석의
살찐, 뚱뚱한
좋은, 훌륭한
한가한, 자유로운
귀여운
큰, 위대한
기쁜
(길이, 거리가) 긴

Unit 11

Check-up

wash
finish
start
wait
arrive
hate
want
visit
walk
dance

Date: /　　Signature:

New words

- happy [hǽpi] · 형 행복한
- sad [sæd] · 형 슬픈
- full [ful] · 형 배부른, 가득한
- hungry [hʌ́ŋgri] · 형 배고픈
- hard [hɑːrd] · 형 어려운
- easy [íːzi] · 형 쉬운
- high [hai] · 형 높은
- low [lou] · 형 낮은
- beautiful [bjúːtifəl] · 형 아름다운, 예쁜
- ugly [ʌ́gli] · 형 추한, 못생긴

Practice

happy

sad

full

hungry

hard

easy

high

low

beautiful

ugly

Sentences

1. **happy**

   She always looks **happy**.

   그녀는 항상 행복해 보인다.   · unhappy 불행한

2. **sad**

   He looked **sad** this morning.

   그는 오늘 아침 슬퍼보였다.   · sadly 슬프게, sadness 슬픔

3. **full**

   I was too **full** to eat any more.

   나는 너무 배가 불러 더 이상 먹을 수 없었다.   · fill 채우다

4. **hungry**

   Dad was so **hungry** after work.

   아빠는 일을 한 후에 너무 배가 고팠다.   · hunger 배고픔

5. **hard**

   The spelling test was **hard**.

   철자 테스트는 어려웠다.

6. **easy**

   The math exam was **easy**.

   수학 시험은 쉬웠다.   · easily 쉽게

7. **high**

   Mt. Everest is very **high**.

   에베레스트 산은 아주 높다.

8. **low**

   This chair is too **low** for the baby.

   이 의자는 아기에게는 너무 낮다.

9. **beautiful**

   Look at the **beautiful** flowers.

   저 아름다운 꽃을 좀 보아라.   · beauty 아름다움

10. **ugly**

    He has an **ugly** face.

    그의 얼굴은 보기 흉하다.

Memory Box

Unit 11

| 도착하다 |
| 씻다 |
| 끝내다 |
| 시작하다 |
| …을 원하다 |
| 방문하다 |
| 걷다 |
| 춤추다 |
| 기다리다 |
| 몹시 싫어하다 |

Check-up

Unit 12

| hard |
| happy |
| full |
| easy |
| high |
| hungry |
| low |
| beautiful |
| sad |
| ugly |

···▸ Dictation Test 4를 위해 109페이지로 이동해 주세요.

Signature: Score: / 50

A Write down the meanings of the English words.

1. bowl	11. low
2. mother	12. ugly
3. aunt	13. door
4. chin	14. king
5. hair	15. arrive
6. nose	16. lamp
7. able	17. table
8. fat	18. hate
9. long	19. sad
10. wash	20. hard

B Write the English words for the Korean.

1. 접시	11. 귀여운
2. 춤추다	12. 시작하다
3. 행복한	13. 집
4. 배고픈	14. 창(문)
5. 남자 조카	15. 여왕, 왕비
6. 얼굴	16. 한가한, 자유로운
7. 머리	17. 걷다
8. 목	18. 형제
9. 어깨	19. 방문하다
10. 쉬운	20. 아름다운, 예쁜

C Choose the right words to fill in the blanks.

uncle	spoon	ears	absent	high
kitchen	fine	hands	full	waited

1. My _____ lives on the farm.

2. Mom is cooking in the _____.

3. Eat your soup with a _____.

4. It is really _____ today.

5. Rabbits have long _____.

6. Clap your _____ three times.

7. I was _____ from school.

8. I was too _____ to eat any more.

9. Mt. Everest is very _____.

10. I _____ for him for an hour.

···▸ Online Test 1을 위해 118페이지로 이동해 주세요.

WORD SCIENCE

Part 3

Part 3

Unit 13

Date: /　**Signature:**

New words

- ☐ **basket** [bǽskit] 　명 바구니
- ☐ **bell** [bel] 　명 종, 방울
- ☐ **blanket** [blǽŋkit] 　명 담요
- ☐ **doll** [dɑl] 　명 인형
- ☐ **mirror** [mírər] 　명 거울
- ☐ **soap** [soup] 　명 비누
- ☐ **telephone** [téləfóun] 　명 전화(기)
- ☐ **television** [téləvìʒən] 　명 텔레비전
- ☐ **toilet** [tɔ́ilit] 　명 화장실
- ☐ **towel** [táuəl] 　명 타월, 수건

Practice

basket

bell

blanket

doll

mirror

soap

telephone

television

toilet

towel

Sentences

1. **basket**

   There are some apples in the **basket**.
   바구니에 사과 몇 개가 있다.

2. **bell**

   The school **bell** is ringing.
   학교종이 울리고 있다.

3. **blanket**

   I washed the dirty **blanket**.
   나는 그 더러운 담요를 빨았다.

4. **doll**

   I bought a **doll** for my sister.
   나는 여동생을 위해 인형을 하나 샀다.

5. **mirror**

   I have a **mirror** in my room.
   나는 방에 거울이 하나 있다.

6. **soap**

   You are using too much **soap**.
   너는 비누를 너무 많이 쓰고 있다.

7. **telephone**

   May I use the **telephone**?
   제가 전화기를 사용해도 될까요?

8. **television**

   We watch **television** every evening.
   우리는 매일 저녁 텔레비전을 본다.

9. **toilet**

   He guided me to the **toilet**.
   그는 나를 화장실로 안내했다.

10. **towel**

    Can you hand me a dry **towel**?
    나에게 마른 수건을 건네줄래요?

Unit 12

Memory Box

슬픈
배부른, 가득한
어려운
쉬운
배고픈
높은
행복한
낮은
추한, 못생긴
아름다운, 예쁜

Unit 13

Check-up

television
bell
mirror
soap
basket
telephone
blanket
toilet
doll
towel

Date: /

Signature:

New words

- girl [gəːrl] 　명 소녀, 여자아이
- boy [bɔi] 　명 소년, 남자아이
- lady [léidi] 　명 숙녀
- gentleman [dʒéntlmən] 　명 신사
- grandfather [grǽndfɑ̀:ðər] 　명 할아버지
- grandmother [grǽndmʌ̀ðər] 　명 할머니
- friend [frend] 　명 친구, 벗
- people [píːpl] 　명 사람들
- bottle [bɑ́tl] 　명 병
- country [kʌ́ntri] 　명 나라, 시골

Practice

girl

boy

lady

gentleman

grandfather

grandmother

friend

people

bottle

country

Sentences

1. **girl**

   What is the **girl**'s name?
   저 여자아이의 이름은 뭐니?

2. **boy**

   I don't know the **boy**'s name.
   나는 그 남자아이의 이름을 모른다.

3. **lady**

   Who is the **lady** over there?
   저쪽에 있는 숙녀는 누구입니까?

4. **gentleman**

   The **gentleman** is his uncle.
   그 신사는 그의 삼촌이다.

5. **grandfather**

   How old is your **grandfather**?
   너의 할아버지는 연세가 어떻게 되셨니?

6. **grandmother**

   My **grandmother** is sixty years old.
   우리 할머니는 60세이시다.

7. **friend**

   Tom is my best **friend**.
   톰은 나의 가장 친한 친구이다.

8. **people**

   There are many **people** at the park.
   공원에는 많은 사람들이 있다.

9. **bottle**

   I put away the empty **bottles**.
   나는 빈 병을 치웠다.

10. **country**

    America is a big **country**.
    미국은 큰 나라이다.

Memory Box
Unit 13

거울
바구니
화장실
종, 방울
인형
담요
비누
텔레비전
타월, 수건
전화(기)

Check-up
Unit 14

gentleman
boy
girl
lady
grandfather
country
grandmother
friend
people
bottle

New words

- ☐ **toe** [tou] 명 발가락
- ☐ **arm** [ɑːrm] 명 팔
- ☐ **body** [bádi] 명 몸
- ☐ **finger** [fíŋɡər] 명 손가락
- ☐ **mouth** [mɑuθ] 명 입
- ☐ **chest** [tʃest] 명 가슴
- ☐ **tennis** [ténis] 명 테니스
- ☐ **animal** [ǽnəməl] 명 동물
- ☐ **bird** [bəːrd] 명 새
- ☐ **clock** [klɑːk] 명 시계

Practice

toe

arm

body

finger

mouth

chest

tennis

animal

bird

clock

WORD SCIENCE

Sentences

1. **toe**
   How many **toes** do you have?
   너는 발가락이 몇 개니?

2. **arm**
   His **arms** are very long.
   그의 팔은 아주 길다.

3. **body**
   You must wash your **body**.
   너는 몸을 닦아야 한다.

4. **finger**
   I cut my **finger** with a knife.
   나는 칼로 손을 베었다.
   · thumb 엄지손가락

5. **mouth**
   Open your **mouth** wide.
   입을 크게 벌려라.

6. **chest**
   Can you point to your **chest**?
   가슴을 가리킬 수 있나요?

7. **tennis**
   She plays **tennis** very well.
   그녀는 테니스를 아주 잘 친다.
   · table tennis 탁구

8. **animal**
   An elephant is a big **animal**.
   코끼리는 커다란 동물이다.

9. **bird**
   This little **bird** is so cute.
   이 어린 새가 아주 귀엽다.

10. **clock**
    The **clock** is broken.
    시계가 고장 났다.
    · watch 손목시계

Unit 14
Memory Box

할머니
소녀, 여자아이
신사
소년, 남자아이
할아버지
친구, 벗
숙녀
사람들
나라, 시골
병

Unit 15
Check-up

toe
arm
tennis
body
finger
mouth
chest
animal
clock
bird

···▶ Dictation Test 5를 위해 110페이지로 이동해 주세요.

Date: /   Signature:

New words

□ **color** [kʌ́lər]　명 색, 빛깔 _____

□ **orange** [ɔ́(:)rindʒ]　명 형 오렌지색(의) _____

□ **black** [blæk]　명 형 검은색(의) _____

□ **blue** [bluː]　명 형 파란색(의) _____

□ **brown** [braun]　명 형 갈색(의) _____

□ **gray** [grei]　명 형 회색(의) _____

□ **green** [griːn]　명 형 녹색(의) _____

□ **purple** [pə́ːrpəl]　명 형 자주색(의) _____

□ **white** [hwait]　명 형 흰색(의) _____

□ **yellow** [jélou]　명 형 노란색(의) _____

Practice

color			
orange			
black			
blue			
brown			
gray			
green			
purple			
white			
yellow			

Sentences

1. **color**

   What is your favorite **color**?
   네가 가장 좋아하는 색깔은 무엇이니?

2. **orange**

   Orange is my favorite color.
   오렌지색이 내가 가장 좋아하는 색깔이다.

3. **black**

   He has a **black** dog.
   그는 검정색 개가 하나 있다.

4. **blue**

   Do you like this **blue** dress?
   너는 이 파란색 드레스를 좋아하니?

5. **brown**

   I'll take this **brown** bag.
   나는 이 갈색 가방을 고르겠다.

6. **gray**

   How do you like my **gray** pants?
   너는 내 회색 바지가 어떠니?

7. **green**

   The plants are **green**.
   식물은 녹색이다.

8. **purple**

   He doesn't like the **purple** jacket.
   그는 그 자주색 재킷을 좋아하지 않는다.

9. **white**

   I want a black and **white** dog.
   나는 바둑이 한 마리를 원한다.

10. **yellow**

    The **yellow** canary is singing happily.
    그 노란색 카나리아가 행복하게 노래하고 있다.

Unit 15

Memory Box

| 가슴 |
| 손가락 |
| 입 |
| 발가락 |
| 팔 |
| 몸 |
| 새 |
| 테니스 |
| 동물 |
| 시계 |

Unit 16

Check-up

| white |
| orange |
| blue |
| color |
| brown |
| gray |
| black |
| green |
| purple |
| yellow |

Date: /

Signature:

New words

- ☐ **like** [laik]　　동 좋아하다
- ☐ **live** [liv]　　동 살다
- ☐ **love** [lʌv]　　동 사랑하다
- ☐ **use** [juːz]　　동 사용하다
- ☐ **smile** [smail]　　동 미소 짓다
- ☐ **cry** [krai]　　동 울다
- ☐ **try** [trai]　　동 시도하다
- ☐ **study** [stʌ́di]　　동 공부하다
- ☐ **act** [ækt]　　동 행동하다
- ☐ **stop** [stɑp]　　동 멈추다

Practice

like

live

love

use

smile

cry

try

study

act

stop

Sentences

1. **like**

   Do you **like** apples?
   너는 사과를 좋아하니?   · like-liked-liked

2. **live**

   I don't like to **live** in a city.
   나는 도시에 살기 싫다.   · live-lived-lived

3. **love**

   I **love** my mom very much.
   나는 엄마를 아주 많이 사랑한다.   · love-loved-loved

4. **use**

   Can I **use** your dictionary?
   네 사전을 좀 써도 되겠니?   · use-used-used

5. **smile**

   She always **smiles** at me.
   그녀는 항상 내게 미소 짓는다.   · smile-smiled-smiled

6. **cry**

   The baby **cried** all day long.
   그 아기는 하루 종일 울었다.   · cry-cried-cried

7. **try**

   He **tried** to solve the puzzle.
   그는 그 퍼즐을 풀려고 애썼다.   · try-tried-tried

8. **study**

   We will **study** Lesson Six.
   우리는 6과를 공부할 것이다.   · study-studied-studied

9. **act**

   She always **acts** like a child.
   그녀는 항상 어린아이처럼 행동한다.   · act-acted-acted

10. **stop**

    The police officer **stopped** the car.
    경찰관이 자동차를 세웠다.   · stop-stopped-stopped

Memory Box
Unit 16

| 오렌지색(의) |
| 노란색(의) |
| 검은색(의) |
| 갈색(의) |
| 회색(의) |
| 녹색(의) |
| 파란색(의) |
| 자주색(의) |
| 색, 빛깔 |
| 흰색(의) |

Check-up
Unit 17

| like |
| smile |
| live |
| stop |
| love |
| use |
| cry |
| try |
| study |
| act |

Date: /　　Signature:

New words

- ☐ **left** [left] 　명 부 왼쪽(으로)
- ☐ **right** [rait] 　명 부 오른쪽(으로)
- ☐ **inside** [insáid] 　부 안쪽에, 안쪽으로
- ☐ **outside** [àutsáid] 　부 바깥쪽에, 바깥쪽으로
- ☐ **early** [ə́ːrli] 　부 일찍 형 이른
- ☐ **late** [leit] 　형 늦은 부 늦게
- ☐ **here** [hiər] 　부 여기에
- ☐ **there** [ðɛər] 　부 거기에
- ☐ **close** [klouz] 　동 닫다
- ☐ **open** [óupən] 　동 열다

Practice

left

right

inside

outside

early

late

here

there

close

open

Sentences

1. **left**

   Turn to the **left** at the corner.
   모퉁이에서 왼쪽으로 돌아라.

2. **right**

   Turn **right** at the corner.
   모퉁이에서 오른쪽으로 돌아라.
   · right 옳은, 올바른

3. **inside**

   We can play **inside**.
   우리는 안에서 놀 수 있다.

4. **outside**

   We went **outside** to play.
   우리는 놀려고 밖으로 나갔다.

5. **early**

   I hate to get up **early**.
   나는 일찍 일어나는 것을 몹시 싫어한다.

6. **late**

   Don't be **late** for the meeting.
   모임에 늦지 마라.

7. **here**

   He came **here** by ship.
   그는 배를 타고 여기에 왔다.

8. **there**

   When did she go **there**?
   그녀는 언제 거기에 갔니?

9. **close**

   Close your eyes for a second.
   잠깐 눈을 감아라.
   · close 가까운, 끝

10. **open**

    Open the door, please.
    문을 열어 주세요.
    · open 열린

Memory Box
Unit 17

미소 짓다
좋아하다
사랑하다
멈추다
사용하다
시도하다
살다
울다
공부하다
행동하다

Check-up
Unit 18

close
right
inside
left
outside
early
here
late
there
open

⟶ Dictation Test 6를 위해 111페이지로 이동해 주세요.

Part Test 3

A Write down the meanings of the English words.

1. soap

2. orange

3. television

4. open

5. grandfather

6. try

7. bottle

8. there

9. chest

10. animal

11. brown

12. blanket

13. purple

14. use

15. yellow

16. act

17. arm

18. right

19. lady

20. early

B Write the English words for the Korean.

1. 신사

2. 안쪽에, 안쪽으로

3. 미소 짓다

4. 공부하다

5. 늦은, 늦게

6. 타월, 수건

7. 닫다

8. 할머니

9. 멈추다

10. 입

11. 시계

12. 검은색(의)

13. 나라, 시골

14. 녹색(의)

15. 바구니

16. 거울

17. 사랑하다

18. 테니스

19. 전화(기)

20. 흰색(의)

C Choose the right words to fill in the blanks.

body	outside	color	people	bell
left	friend	toilet	cried	finger

1. Turn to the _____ at the corner.

2. We went _____ to play.

3. The school _____ is ringing.

4. He guided me to the _____.

5. The baby _____ all day long.

6. You must wash your _____.

7. Tom is my best _____.

8. What is your favorite _____?

9. I cut my _____ with a knife.

10. There are many _____ at the park.

WORD SCIENCE

Part 4

Part 4

Date:　/　Signature:

New words

- □ **belt** [belt]　명 띠, 벨트
- □ **boots** [buːts]　명 장화, 부츠
- □ **clothes** [klouz]　명 옷, 의복
- □ **coat** [kout]　명 외투, 코트
- □ **jacket** [dʒǽkit]　명 재킷, 웃옷
- □ **jeans** [dʒiːnz]　명 진(데님) 바지
- □ **pants** [pænts]　명 바지
- □ **shoes** [ʃuːz]　명 신, 구두
- □ **skirt** [skəːrt]　명 스커트, 치마
- □ **socks** [sɑks]　명 양말

Practice

belt

boots

clothes

coat

jacket

jeans

pants

shoes

skirt

socks

Sentences

1. **belt**

   Please fasten your seat **belt**.
   좌석 벨트를 매세요.

2. **boots**

   Put on your **boots**.
   장화를 신어라.

3. **clothes**

   He took off his wet **clothes**.
   그는 젖은 옷을 벗었다.

4. **coat**

   Take off your **coat**.
   네 코트를 벗어라.

5. **jacket**

   He is wearing a new **jacket**.
   그는 새 재킷을 입고 있다.

6. **jeans**

   When did you buy the **jeans**?
   너는 그 청바지를 언제 샀니?

7. **pants**

   I bought a pair of **pants** yesterday.
   나는 어제 바지 한 벌을 샀다.   · shorts 짧은 바지

8. **shoes**

   The **shoes** are too small for me.
   그 신발은 내게 너무 작다.

9. **skirt**

   She is wearing a blue **skirt**.
   그녀는 파란색 스커트를 입고 있다.

10. **socks**

    He was wearing red **socks**.
    그는 빨간색 양말을 신고 있었다.

Unit 18

Memory Box

여기에
안쪽에, 안쪽으로
일찍, 이른
늦은, 늦게
바깥쪽에, 바깥쪽으로
왼쪽(으로)
거기에
닫다
오른쪽(으로)
열다

Unit 19

Check-up

skirt
clothes
belt
socks
coat
jacket
boots
jeans
pants
shoes

New words 📖

☐ **beef** [biːf]　　　명 쇠고기 _____

☐ **pork** [pɔːrk]　　　명 돼지고기 _____

☐ **vegetable** [védʒətəbəl]　명 채소 _____

☐ **potato** [pətéitou]　명 감자 _____

☐ **apple** [ǽpl]　　　명 사과 _____

☐ **bread** [bred]　　　명 빵 _____

☐ **fruit** [fruːt]　　　명 과일 _____

☐ **pear** [pɛər]　　　명 (서양) 배 _____

☐ **chicken** [tʃíkin]　명 닭고기 _____

☐ **meat** [miːt]　　　명 고기 _____

Practice ✏️

beef				
pork				
vegetable				
potato				
apple				
bread				
fruit				
pear				
chicken				
meat				

Sentences

1. beef

I don't like to eat **beef**.
나는 쇠고기를 먹는 걸 좋아하지 않는다.

2. pork

I ate some **pork** sausages.
나는 돼지고기 소시지를 좀 먹었다.

3. vegetable

I don't like **vegetables**.
나는 채소를 좋아하지 않는다.

4. potato

A **potato** is a vegetable.
감자는 채소이다.

5. apple

Do you like **apples**?
너는 사과를 좋아하니?

6. bread

Can I have some **bread**?
빵 좀 먹을 수 있나요?

7. fruit

I don't like **fruit** very much.
나는 과일을 그다지 좋아하지 않는다.

8. pear

I bought some **pears** at the store.
나는 가게에서 배를 좀 샀다.   · pair 한 쌍

9. chicken

Do you want some **chicken**?
너는 닭고기를 좀 원하니?

10. meat

I had rice and **meat** for dinner.
나는 저녁 식사로 밥과 고기를 먹었다.   · meet 만나다

Unit 19

Memory Box

띠, 벨트
옷, 의복
양말
외투, 코트
재킷, 웃옷
장화, 부츠
진(데님) 바지
바지
스커트, 치마
신, 구두

Unit 20

Check-up

beef
apple
bread
fruit
pork
vegetable
potato
pear
chicken
meat

Date: /

Signature:

New words

- ☐ **time** [taim] 　명 시간, 시각
- ☐ **afternoon** [æftərnúːn] 　명 오후
- ☐ **evening** [íːvniŋ] 　명 저녁
- ☐ **morning** [mɔ́ːrniŋ] 　명 아침, 오전
- ☐ **minute** [mìnit] 　명 분, 잠깐
- ☐ **hour** [áuər] 　명 시각, 한 시간
- ☐ **day** [dei] 　명 날, 하루
- ☐ **week** [wiːk] 　명 주
- ☐ **month** [mʌnθ] 　명 달
- ☐ **year** [jiər] 　명 해, 년

Practice

time

afternoon

evening

morning

minute

hour

day

week

month

year

WORD SCIENCE

Sentences

1. **time**

What **time** is it now?
지금 몇 시니?

2. **afternoon**

I go to the gym in the **afternoon**.
나는 오후에 체육관에 간다.
· noon 정오

3. **evening**

He takes a walk every **evening**.
그는 매일 저녁에 산책을 한다.
· night 밤

4. **morning**

She called me early in the **morning**.
그녀는 아침 일찍 내게 전화했다.

5. **minute**

The plane will leave in ten **minutes**.
비행기는 십 분 있으면 출발할 것이다.

6. **hour**

I waited for him for an **hour**.
나는 그를 한 시간 동안 기다렸다.

7. **day**

I brush my teeth three times a **day**.
나는 하루에 세 번 이를 닦는다.

8. **week**

There are many holidays this **week**.
이번 주에는 휴일이 많이 있다.
· weak 약한

9. **month**

I spent a **month** in Seoul.
나는 서울에서 한 달을 보냈다.

10. **year**

I visited London last **year**.
나는 작년에 런던을 방문했다.

Unit 20

Memory Box

과일
쇠고기
채소
감자
돼지고기
사과
(서양) 배
닭고기
빵
고기

Unit 21

Check-up

morning
hour
day
time
afternoon
minute
evening
week
month
year

···▶ Dictation Test 7을 위해 112페이지로 이동해 주세요.

Date: /　　Signature:

New words

- **about** [əbáut]　　전 ···에 대한
- **across** [əkrɔ́ːs]　　전 ···을 가로 질러서
- **after** [ǽftər]　　전 ···후에, ···뒤에
- **around** [əráund]　　전 ···의 주위에, ···의 둘레에
- **behind** [biháind]　　전 ···의 뒤에
- **between** [bitwíːn]　　전 ···의 사이에
- **from** [frʌm]　　전 ···로부터
- **into** [ìntu]　　전 ···안으로
- **over** [óuvər]　　전 ···의 위에, ···의 위로
- **under** [ʌ́ndər]　　전 ···의 아래에

Practice

about

across

after

around

behind

between

from

into

over

under

Sentences

1. **about**

   We talked **about** the problem.
   우리는 그 문제에 대해 이야기했다.

   · about 약 , 대략

2. **across**

   She walked **across** the street.
   그녀는 길을 가로질러 걸어갔다.

3. **after**

   Please repeat **after** me.
   나를 따라 하세요.

4. **around**

   The earth goes **around** the sun.
   지구는 태양 주위를 돈다.

5. **behind**

   There is a hotel **behind** the station.
   역 뒤에 호텔이 하나 있다.

6. **between**

   I sat **between** Tom and John.
   나는 톰과 존 사이에 앉았다.

7. **from**

   I just arrived **from** China.
   나는 중국에서 방금 도착했다.

8. **into**

   A mouse went **into** the hole.
   생쥐 한 마리가 구멍 속으로 들어갔다.

9. **over**

   The cat jumped **over** the fence.
   고양이가 울타리를 뛰어 넘었다.

10. **under**

    A dog is sleeping **under** the tree.
    개 한 마리가 나무 아래에서 잠을 자고 있다.

Unit 21

Memory Box

분, 잠깐
오후
저녁
시간, 시각
아침, 오전
시각, 한 시간
주
달
날, 하루
해, 년

Unit 22

Check-up

after
around
behind
about
between
from
into
over
under
across

Date: / Signature:

New words

- □ **begin** [bigín] 동 시작하다 _____
- □ **swim** [swim] 동 수영하다 _____
- □ **sing** [siŋ] 동 노래하다 _____
- □ **wear** [wɛər] 동 입고 있다, 쓰고 있다 _____
- □ **draw** [drɔ:] 동 그리다 _____
- □ **eat** [i:t] 동 먹다 _____
- □ **give** [giv] 동 주다 _____
- □ **see** [si:] 동 보다, 만나다 _____
- □ **break** [breik] 동 깨다, 부수다 _____
- □ **speak** [spi:k] 동 말하다 _____

Practice

begin			
swim			
sing			
wear			
draw			
eat			
give			
see			
break			
speak			

Sentences

1. begin

The movie **begins** at 6 o'clock

영화는 6시에 시작한다. · begin-began-begun

2. swim

Can you **swim** in the river?

너는 강에서 수영할 수 있니? · swim-swam-swum

3. sing

They are **singing** happily.

그들은 행복하게 노래를 부르고 있다. · sing-sang-sung

4. wear

The girl is **wearing** a pretty dress.

그 여자아이는 예쁜 드레스를 입고 있다. · wear-wore-worn

5. draw

Draw a bird on the paper.

그 종이 위에 새 한 마리를 그려라. · draw-drew-drawn

6. eat

Eat soup with a spoon.

수저로 수프를 먹어라. · eat-ate-eaten

7. give

Can you **give** me a candy?

내게 사탕을 하나 주겠니? · give-gave-given

8. see

See you this coming Friday.

이번 돌아오는 금요일에 만날게. · see-saw-seen

9. break

Did you **break** the window?

네가 창문을 깼니? · break-broke-broken

10. speak

Can you **speak** English well?

너는 영어를 잘 말할 수 있니? · speak-spoke-spoken

Unit 22

Memory Box

…의 사이에
…로부터
…안으로
…의 위에, …의 위로
…의 아래에
…에 대한
…을 가로 질러서
…후에, …뒤에
…의 주위에
…의 뒤에

Unit 23

Check-up

begin
swim
draw
sing
wear
eat
give
see
break
speak

New words

□ **again** [əgén]	🖣 다시	_____
□ **always** [ɔ́:lweiz]	🖣 항상, 언제나	_____
□ **backward** [bǽkwərd]	🖣 뒤로, 거꾸로	_____
□ **just** [dʒʌst]	🖣 바로, 꼭, 막	_____
□ **once** [wʌns]	🖣 한 번	_____
□ **then** [ðen]	🖣 그때에	_____
□ **together** [təgéðər]	🖣 함께	_____
□ **very** [véri]	🖣 대단히, 몹시	_____
□ **too** [tu:]	🖣 너무(나)	_____
□ **well** [wel]	🖣 잘	_____

Practice

again _____

always _____

backward _____

just _____

once _____

then _____

together _____

very _____

too _____

well _____

Sentences

1. **again**

   Nice to see you **again**.
   너를 다시 만나서 반갑다.

2. **always**

   She is **always** late for school.
   그녀는 항상 학교에 늦는다.

3. **backward**

   He had his sweater on **backward**.
   그는 스웨터를 거꾸로 입었다.

4. **just**

   I'm **just** going to make some tea.
   나는 막 차를 끓이려던 참이다.

5. **once**

   He writes to me **once** a week.
   그는 내게 일주일에 한 번 편지를 쓴다.   · twice 두 번

6. **then**

   I will see you **then**.
   그때 보자.

7. **together**

   We walk to school **together**.
   우리는 함께 학교에 걸어간다.

8. **very**

   My uncle works **very** hard.
   우리 (외)삼촌은 아주 열심히 일하신다.

9. **too**

   This chair is **too** low for me.
   이 의자는 내게 너무 낮다.

10. **well**

    She plays the piano **well**.
    그녀는 피아노를 잘 친다.

Unit 23

Memory Box

| 입고 있다, 쓰고 있다 |
| 시작하다 |
| 말하다 |
| 수영하다 |
| 노래하다 |
| 먹다 |
| 주다 |
| 보다, 만나다 |
| 그리다 |
| 깨다, 부수다 |

Unit 24

Check-up

| well |
| always |
| backward |
| just |
| once |
| then |
| again |
| together |
| very |
| too |

···▶ Dictation Test 8을 위해 113페이지로 이동해 주세요.

A Write down the meanings of the English words.

1. vegetable

2. just

3. bread

4. together

5. see

6. well

7. speak

8. pear

9. hour

10. around

11. evening

12. between

13. jacket

14. under

15. shoes

16. socks

17. swim

18. month

19. eat

20. always

B Write the English words for the Korean.

1. 쇠고기

2. 깨다, 부수다

3. 감자

4. 그때에

5. 과일

6. 주

7. …에 대한

8. 장화, 부츠

9. 스커트, 치마

10. …의 뒤에

11. …로부터

12. 오후

13. 아침, 오전

14. 시작하다

15. 진(데님) 바지

16. 다시

17. 뒤로

18. 그리다

19. 대단히

20. 주다

C Choose the right words to fill in the blanks.

day	clothes	wearing	pants	meat
over	across	minutes	pork	week

1. The plane will leave in ten _____ .

2. I brush my teeth three times a _____ .

3. She walked _____ the street.

4. The cat jumped _____ the fence.

5. He took off his wet _____ .

6. I bought a pair of _____ yesterday.

7. The girl is _____ a pretty dress.

8. I ate some _____ sausages.

9. He writes to me once a _____ .

10. I had rice and _____ for dinner.

WORD SCIENCE

Part 5

Part 5

Date: / Signature:

New words 📖

- ☐ **bicycle** [báisikəl] 명 자전거 —————————————————
- ☐ **boat** [bout] 명 보트, 배 —————————————————
- ☐ **ship** [ʃip] 명 (큰) 배 —————————————————
- ☐ **train** [trein] 명 기차 —————————————————
- ☐ **balloon** [bəlúːn] 명 풍선 —————————————————
- ☐ **music** [mjúːzik] 명 음악 —————————————————
- ☐ **soccer** [sákər] 명 축구 —————————————————
- ☐ **song** [sɔ(ː)ŋ] 명 노래 —————————————————
- ☐ **movie** [múːvi] 명 영화 —————————————————
- ☐ **candy** [kǽndi] 명 사탕, 캔디 —————————————————

Practice ✏️

bicycle

boat

ship

train

balloon

music

soccer

song

movie

candy

Sentences

1. **bicycle**

   I will ride my **bicycle**.

   나는 자전거를 탈 것이다.

   · bike 자전거

2. **boat**

   The **boat** riding was fun.

   보트 타기는 재미있었다.

3. **ship**

   He came here by **ship**.

   그는 배를 타고 여기에 왔다.

4. **train**

   We are going to Seoul by **train**.

   우리는 기차를 타고 서울에 갈 것이다.

5. **balloon**

   The **balloons** are flying in the sky.

   풍선이 하늘을 날고 있다.

6. **music**

   She enjoys listening to **music**.

   그녀는 음악 듣는 걸 즐긴다.

7. **soccer**

   I often play **soccer** after school.

   나는 방과 후에 종종 축구를 한다.

8. **song**

   She sang a pop **song** at the party.

   그녀는 파티에서 팝송을 한 곡 불렀다.

9. **movie**

   I met my favorite **movie** star.

   나는 내가 제일 좋아하는 영화배우를 만났다.

10. **candy**

    I like to eat **candies**.

    나는 캔디 먹는 걸 좋아한다.

Unit 24

Memory Box

뒤로, 거꾸로
항상, 언제나
바로, 꼭, 막
다시
한번
그때에
함께
너무(나)
잘
대단히, 몹시

Unit 25

Check-up

bicycle
ship
train
balloon
music
soccer
movie
song
candy
boat

Date: /   Signature:

New words

- cookie [kúki] 명 쿠키
- egg [eg] 명 달걀, 알
- milk [milk] 명 우유
- rice [rais] 명 쌀, 밥, 벼
- sugar [ʃúgər] 명 설탕
- pepper [pépər] 명 후추
- dinner [dínər] 명 저녁 식사, 정찬
- breakfast [brékfəst] 명 아침 식사
- lunch [lʌntʃ] 명 점심
- supper [sʌ́pər] 명 저녁 식사

Practice

cookie

egg

milk

rice

sugar

pepper

dinner

breakfast

lunch

supper

WORD SCIENCE

Track 26

Sentences

1. **cookie**

   Do you want some **cookies**?

   쿠키를 좀 원하니?

2. **egg**

   I boiled some **eggs** for the picnic.

   나는 피크닉에 갖고 갈 달걀을 좀 삶았다.

3. **milk**

   I drank a glass of **milk**.

   나는 우유 한 잔을 마셨다.

4. **rice**

   We grow much **rice** in Korea.

   한국에서는 벼를 많이 재배한다.   · wheat 밀, corn 옥수수

5. **sugar**

   I eat strawberries with **sugar**.

   나는 설탕을 찍어 딸기를 먹는다.   · salt 소금

6. **pepper**

   Pass me the **pepper**, please.

   후추를 건네주세요.

7. **dinner**

   It's time for **dinner**.

   저녁 식사 시간이다.

8. **breakfast**

   I have **breakfast** at 8 o'clock.

   나는 8시에 아침 식사를 한다.

9. **lunch**

   What would you like for **lunch**?

   점심 식사로 뭘 드실래요?

10. **supper**

    Don't eat a lot for **supper**.

    저녁을 많이 먹지 마라.

Memory Box
Unit 25

| 음악 |
| 기차 |
| 축구 |
| 노래 |
| 보트, 배 |
| 자전거 |
| (큰) 배 |
| 풍선 |
| 영화 |
| 사탕, 캔디 |

Check-up
Unit 26

| pepper |
| dinner |
| breakfast |
| lunch |
| supper |
| cookie |
| egg |
| milk |
| rice |
| sugar |

Date: /

Signature:

New words

- bank [bæŋk] 명 은행
- church [tʃəːrtʃ] 명 교회
- city [síti] 명 도시
- hospital [háspitl] 명 병원
- market [máːrkit] 명 시장
- park [pɑːrk] 명 공원
- town [taun] 명 읍, 소도시
- zoo [zuː] 명 동물원
- garden [gáːrdn] 명 정원
- pocket [pákit] 명 호주머니

Practice

bank

church

city

hospital

market

park

town

zoo

garden

pocket

Sentences

1. **bank**

   Where is the **bank**?
   은행은 어디에 있니?
   · bank 둑, 제방

2. **church**

   Kevin can't go to **church** today.
   케빈은 오늘 교회에 갈 수가 없다.

3. **city**

   She doesn't like to live in a **city**.
   그녀는 도시에서 사는 걸 좋아하지 않는다.

4. **hospital**

   My science teacher is in the **hospital**.
   우리 과학 선생님은 병원에 계신다.

5. **market**

   She bought some fruit at the **market**.
   그녀는 시장에서 과일을 좀 샀다.

6. **park**

   Artists are painting at the **park**.
   화가들이 공원에서 그림을 그리고 있다.

7. **town**

   My uncle lives in a **town**.
   우리 (외)삼촌은 작은 도시에 사신다.

8. **zoo**

   We went to the **zoo** last Sunday.
   우리는 지난주 일요일에 동물원에 갔다.

9. **garden**

   I planted some flowers in the **garden**.
   나는 정원에 꽃을 좀 심었다.

10. **pocket**

    What do you have in your **pocket**?
    네 호주머니에 무엇이 들어 있니?

Unit 26
Memory Box

쿠키
달걀, 알
저녁 식사, 정찬
아침 식사
쌀, 밥, 벼
설탕
후추
점심
저녁 식사
우유

Unit 27
Check-up

zoo
garden
pocket
church
bank
city
hospital
market
park
town

···▸ Dictation Test 9를 위해 114페이지로 이동해 주세요.

Date: /
Signature:

New words 📖

☐ **what** [hwɑt]　　대 무엇　형 무슨

☐ **where** [hwɛər]　　부 어디에, 어디로

☐ **who** [hu:]　　대 누구, 누가

☐ **how** [hɑu]　　부 어떻게, 얼마나

☐ **must** [mʌst]　　조 …해야 한다

☐ **let** [let]　　동 …시키다

☐ **get** [get]　　동 사다, 얻다

☐ **have** [hæv]　　동 가지고 있다

☐ **miss** [mis]　　동 놓치다

☐ **count** [kaunt]　　동 세다, 계산하다

Practice ✏

what

where

who

how

must

let

get

have

miss

count

Sentences

1. **what**

   What will you wear for the party?
   파티에 무엇을 입을 거니?

2. **where**

   Where did you put your bag?
   너는 어디에 가방을 두었니?

3. **who**

   Who is the pretty girl over there?
   저기 저 예쁜 여자아이는 누구니?

4. **how**

   How did you bake the cake?
   너는 케이크를 어떻게 구웠니?

5. **must**

   You **must** keep your promise.
   너는 약속을 지켜야만 한다.

6. **let**

   Let me use your pencil, please.
   네 연필을 좀 쓰게 해줘.   · let-let-let

7. **get**

   I **got** a puppy for my birthday.
   나는 생일에 강아지를 한 마리 받았다.   · get-got-got(ten)

8. **have**

   You **have** ten fingers.
   손가락은 10개이다.   · have-had-had

9. **miss**

   I **missed** the school bus this morning.
   나는 오늘 아침에 학교 버스를 놓쳤다.

10. **count**

    Can you **count** up to ten?
    10까지 셀 수 있니?

Unit 27
Memory Box

은행
동물원
정원
호주머니
교회
도시
병원
시장
공원
읍, 소도시

Unit 28
Check-up

how
must
let
what
get
where
have
miss
who
count

New words

- ☐ **understand** [ʌndərstǽnd] 동 이해하다 _____
- ☐ **bring** [briŋ] 동 가져오다, 데려오다 _____
- ☐ **buy** [bai] 동 사(주)다 _____
- ☐ **catch** [kætʃ] 동 잡다 _____
- ☐ **find** [faind] 동 찾다, 알다 _____
- ☐ **make** [meik] 동 만들다 _____
- ☐ **meet** [miːt] 동 만나다 _____
- ☐ **pay** [pei] 동 지불하다 _____
- ☐ **say** [sei] 동 말하다 _____
- ☐ **sell** [sel] 동 팔다 _____

Practice

understand _____

bring _____

buy _____

catch _____

find _____

make _____

meet _____

pay _____

say _____

sell _____

Sentences

1. understand

Can you **understand** French?

프랑스어를 이해할 수 있니?   · understand-understood-understood

2. bring

Can you **bring** me a glass of water?

내게 물 한 컵을 가져다 줄래?   · bring-brought-brought

3. buy

Can you **buy** me a new computer?

새 컴퓨터 한 대 사줄 수 있나요?   · buy-bought-bought

4. catch

He ran to **catch** the bus.

그는 버스를 잡으려고 뛰었다.   · catch-caught-caught

5. find

I can't **find** my glasses.

나는 안경을 찾을 수가 없다.   · find-found-found

6. make

Let's **make** a snowman.

우리 눈사람을 만들자.   · make-made-made

7. meet

I will **meet** him this afternoon.

나는 오늘 오후에 그를 만날 것이다.   · meet-met-met

8. pay

Are you **paying** in cash or by check?

현금으로 지불하시나요, 수표로 지불하시나요?   · pay-paid-paid

9. say

What did he **say** about it?

그는 그것에 대해 뭐라고 했니?   · say-said-said

10. sell

My father **sells** cars.

우리 아버지는 자동차를 판매하신다.   · sell-sold-sold

Memory Box
Unit 28

누구, 누가
어떻게, 얼마나
…해야 한다
무엇, 무슨
어디에, 어디로
…시키다
사다, 얻다
세다, 계산하다
가지고 있다
놓치다

Check-up
Unit 29

bring
understand
buy
catch
find
make
pay
say
meet
sell

Date: /   Signature:

New words

☐ **cook** [kuk] 명 요리사 동 요리하다

☐ **answer** [ǽnsər] 명 동 대답(하다)

☐ **call** [kɔːl] 동 전화를 걸다 명 통화

☐ **watch** [wɑtʃ] 동 보다 명 손목시계

☐ **brush** [brʌʃ] 동 닦다 명 빗, 솔

☐ **tie** [tai] 동 묶다 명 넥타이

☐ **fly** [flai] 동 날다 명 파리

☐ **lie** [lai] 명 거짓말 동 드러눕다

☐ **switch** [switʃ] 명 스위치 동 바꾸다

☐ **ring** [riŋ] 명 반지 동 울리다

Practice

cook

answer

call

watch

brush

tie

fly

lie

switch

ring

WORD SCIENCE ▶▶▶

Sentences

1. **cook**
   She's a **cook** in a hotel.
   그녀는 호텔 요리사이다.

2. **answer**
   I couldn't **answer** the question.
   나는 그 질문에 대답할 수 없었다.

3. **call**
   She **called** me early in the morning.
   그녀는 아침 일찍 내게 전화를 걸었다.

4. **watch**
   Let's **watch** TV together.
   우리 함께 텔레비전을 보자.

5. **brush**
   I **brush** my teeth three times a day.
   나는 하루에 세 번 이를 닦는다.
   · toothbrush 칫솔

6. **tie**
   She **tied** a scarf around her neck.
   그녀는 목에 스카프를 둘렀다.

7. **fly**
   An ostrich can't **fly** but can run fast.
   타조는 날 수는 없지만 빨리 달릴 수 있다.

8. **lie**
   It's bad to tell a **lie**.
   거짓말을 하는 것은 나쁘다.

9. **switch**
   The light **switch** is broken.
   그 전구 스위치가 고장이 났다.

10. **ring**
    She wears a **ring** on her finger.
    그녀는 손가락에 반지를 끼고 있다.

Memory Box
Unit 29

| 만나다 |
| 잡다 |
| 찾다, 알다 |
| 만들다 |
| 지불하다 |
| 이해하다 |
| 가져오다, 데려오다 |
| 사(주)다 |
| 말하다 |
| 팔다 |

Check-up
Unit 30

| brush |
| tie |
| fly |
| cook |
| answer |
| call |
| watch |
| lie |
| switch |
| ring |

Signature:

Score:

/ 50

A Write down the meanings of the English words.

1. ship

2. sell

3. call

4. fly

5. church

6. dinner

7. pocket

8. who

9. brush

10. get

11. song

12. ring

13. candy

14. count

15. lunch

16. park

17. bring

18. make

19. sugar

20. pay

B Write the English words for the Korean.

1. 자전거

2. 말하다

3. 시장

4. 읍, 소도시

5. 어디에, 어디로

6. 아침 식사

7. …시키다

8. 우유

9. 찾다, 알다

10. 은행

11. 대답(하다)

12. 후추

13. 가지고 있다

14. 영화

15. 이해하다

16. 보다, 손목시계

17. 풍선

18. 묶다, 넥타이

19. 스위치, 바꾸다

20. 만나다

C Choose the right words to fill in the blanks.

lie	must	eggs	train	rice
garden	hospital	catch	missed	music

1. My science teacher is in the _____ .

2. I planted some flowers in the _____ .

3. You _____ keep your promise.

4. It's bad to tell a _____ .

5. I boiled some _____ for the picnic.

6. We grow much _____ in Korea.

7. I _____ the school bus this morning.

8. He ran to _____ the bus.

9. We are going to Seoul by _____ .

10. She enjoys listening to _____ .

WORD SCIENCE

Part 6

New words 📖

☐ **ball** [bɔːl]　　명 공　　———————————

☐ **bean** [biːn]　　명 콩　　———————————

☐ **glass** [glæs]　　명 유리(잔)　　———————————

☐ **idea** [aidíːə]　　명 생각, 의견　　———————————

☐ **lesson** [lésn]　　명 수업, (교과서의) 과　　———————————

☐ **money** [mʌ́ni]　　명 돈　　———————————

☐ **name** [neim]　　명 이름　　———————————

☐ **number** [nʌ́mbər]　　명 번호, 수　　———————————

☐ **paper** [péipər]　　명 종이　　———————————

☐ **problem** [prɑ́bləm]　　명 문제　　———————————

Practice ✏️

ball

bean

glass

idea

lesson

money

name

number

paper

problem

Sentences

1. ball

I bought a new soccer **ball**.
나는 새 축구공을 샀다.

2. bean

We have rice and **beans** for lunch.
우리는 점심 식사로 콩밥을 먹는다.

3. glass

Mom brought me a **glass** of water.
엄마는 내게 물 한 잔을 가져다 주셨다.   · glasses 안경

4. idea

I have no **idea** what to do next.
나는 다음에 무엇을 할지 모르겠다.

5. lesson

She has piano **lessons** every Sunday.
그녀는 매주 일요일 피아노 레슨이 있다.

6. money

I have no **money** right now.
나는 지금 돈이 하나도 없다.   · coin 동전, bill 지폐

7. name

Do you know the girl's **name**?
너는 그 여자아이의 이름을 아니?

8. number

Let me know his phone **number**.
그의 전화번호를 알려줘.

9. paper

He's drawing animals on a **paper**.
그는 종이에 동물을 그리고 있다.

10. problem

I solved the **problem** easily.
나는 그 문제를 쉽게 풀었다.

Unit 30
Memory Box

닭다, 빗, 솔

묶다, 넥타이

날다, 파리

요리사, 요리하다

대답(하다)

전화를 걸다, 통화

보다, 손목시계

거짓말, 드러눕다

스위치, 바꾸다

반지, 울리다

Unit 31
Check-up

ball

glass

idea

bean

lesson

money

name

problem

number

paper

Date:	Signature:
/	

New words

☐ **child** [tʃaild]   명 어린이, 아이

☐ **foot** [fut]   명 발

☐ **tooth** [tu:θ]   명 이, 이빨

☐ **fish** [fiʃ]   명 물고기

☐ **sheep** [ʃi:p]   명 양

☐ **deer** [diər]   명 사슴

☐ **man** [mæn]   명 남자, 사람

☐ **woman** [wúmən]   명 여자

☐ **ox** [ɑks]   명 수소

☐ **mouse** [maus]   명 생쥐

Practice

child

foot

tooth

fish

sheep

deer

man

woman

ox

mouse

Sentences

1. **child**

   Don't act like a **child**.
   어린아이처럼 행동하지 마라.   · pl. children

2. **foot**

   I hurt my right **foot**.
   나는 오른쪽 발을 다쳤다.   · pl. feet

3. **tooth**

   The baby has only one **tooth**.
   그 아기는 이가 하나 났다.   · pl. teeth

4. **fish**

   There are many **fish** in the pond.
   연못에는 물고기가 많다.   · pl. fish

5. **sheep**

   Sheep are gentle animals.
   양은 온순한 동물이다.   · pl. sheep

6. **deer**

   Some **deer** are running around the field.
   사슴 몇 마리가 들판을 달리고 있다.   · pl. deer

7. **man**

   The **man** next to the teacher is my uncle.
   선생님 옆에 있는 남자가 우리 (외)삼촌이다.   · pl. men

8. **woman**

   Woman is not always weaker than man.
   여자가 남자보다 늘 약한 것은 아니다.   · pl. women

9. **ox**

   An **ox** was pulling the cart.
   수소 한 마리가 수레를 끌고 있었다.   · pl. oxen

10. **mouse**

    A **mouse** came out of the hole.
    생쥐 한 마리가 구멍에서 나왔다.   · pl. mice

Memory Box

Unit 31

유리(잔)
생각, 의견
공
콩
수업, (교과서의) 과
돈
이름
문제
번호, 수
종이

Check-up

Unit 32

fish
sheep
deer
child
foot
woman
ox
mouse
tooth
man

Date: /   Signature:

New words

- [ ] **knee** [niː] 명 무릎
- [ ] **knife** [naif] 명 칼
- [ ] **know** [nou] 동 알고 있다
- [ ] **laugh** [læf] 동 웃다
- [ ] **listen** [lísən] 동 듣다
- [ ] **light** [lait] 명 등불, 빛
- [ ] **night** [nait] 명 밤
- [ ] **often** [ɔ́(ː)ftən] 부 종종, 자주
- [ ] **thumb** [θʌm] 명 엄지손가락
- [ ] **tonight** [tənáit] 명 부 오늘 밤(에)

Practice

knee

knife

know

laugh

listen

light

night

often

thumb

tonight

Sentences

1. knee
The baby fell and cut his **knee**.
그 아기는 넘어져 무릎을 베었다.

· leg 다리

2. knife
Use this **knife** to cut the bread.
이 칼을 이용해서 빵을 잘라라.

3. know
Do you **know** his address?
너는 그의 주소를 아니?

4. laugh
They **laughed** at the funny clown.
그들은 재미있는 어릿광대를 보고 웃었다.

5. listen
Listen to the dialog.
대화를 들어라.

6. light
Dad fixed the **light** switch.
아빠가 전구 스위치를 고쳤다.

7. night
It is dark at **night**.
밤에는 어둡다.

8. often
We **often** play tennis after school.
우리는 방과 후에 종종 테니스를 친다.

9. thumb
Which is your **thumb**?
네 엄지손가락은 어느 것이니?

10. tonight
Santa Claus will come **tonight**.
산타클로스가 오늘 밤에 올 것이다.

Unit 32

Memory Box

물고기
남자, 사람
어린이, 아이
발
이, 이빨
여자
수소
양
사슴
생쥐

Unit 33

Check-up

thumb
know
laugh
knee
listen
knife
light
night
often
tonight

···▶ Dictation Test 11을 위해 116페이지로 이동해 주세요.

Date: / Signature:

New words

☐ **river** [rívər] 명 강

☐ **story** [stɔ́ːri] 명 이야기

☐ **tired** [taiərd] 형 지친

☐ **wide** [waid] 형 넓은

☐ **way** [wei] 명 길, 방법

☐ **many** [méni] 형 (수가) 많은

☐ **much** [mʌtʃ] 형 (양이) 많은

☐ **fun** [fʌn] 명 재미

☐ **noon** [nuːn] 명 정오, 한낮

☐ **pick** [pik] 동 따다, 꺾다

Practice

river

story

tired

wide

way

many

much

fun

noon

pick

Sentences

1. river

There are many fish in the **river**.

강에는 물고기가 많이 있다.

2. story

Can you tell me your **story**?

네 이야기를 말해주겠니?

3. tired

The player was **tired** after the game.

그 운동 선수는 경기 후 피곤했다.

4. wide

The street is very **wide**.

거리는 아주 넓다.

5. way

He showed me the **way** to the park.

그는 내게 공원으로 가는 길을 알려주었다.

6. many

How **many** pencils do you have?

연필을 몇 자루 가지고 있니?

7. much

There isn't **much** wind today.

오늘은 바람이 많이 불지 않는다.

8. fun

We will have **fun** at the party.

우리는 파티에서 재미있게 보낼 것이다.

9. noon

The bus for Paris leaves at **noon**.

파리로 가는 버스는 정오에 출발한다.

10. pick

We **picked** flowers in the garden.

우리는 정원의 꽃을 꺾었다.

Unit 33

Memory Box

무릎
칼
밤
종종, 자주
엄지손가락
오늘 밤(에)
알고 있다
웃다
듣다
등불, 빛

Unit 34

Check-up

river
story
tired
wide
much
way
many
fun
noon
pick

Date: /　　Signature:

New words

- □ **send** [send]　　동 보내다
- □ **stand** [stænd]　　동 서다, 서 있다
- □ **teach** [tiːtʃ]　　동 가르치다
- □ **tell** [tel]　　동 말하다
- □ **think** [θiŋk]　　동 생각하다
- □ **put** [put]　　동 놓다, 넣다
- □ **cut** [kʌt]　　동 자르다, 베다
- □ **set** [set]　　동 놓다
- □ **come** [kʌm]　　동 오다
- □ **run** [rʌn]　　동 달리다

Practice

send

stand

teach

tell

think

put

cut

set

come

run

Sentences

1. send

I **sent** a postcard to Grandpa.
나는 할아버지께 우편엽서를 보냈다.

· send–sent–sent

2. stand

She was **standing** by the door.
그녀는 문 옆에 서 있었다.

· stand–stood–stood

3. teach

Teach me how to whistle.
어떻게 휘파람을 부는지 가르쳐줘.

· teach–taught–taught

4. tell

Are you **telling** the truth?
너 사실을 말하고 있는 거니?

· tell–told–told

5. think

I **think** it will rain this afternoon.
오늘 오후에 비가 내릴 것 같다.

· think–thought–thought

6. put

Put your bag here.
네 가방을 여기에 놓아라.

· put–put–put

7. cut

I **cut** my finger with a knife.
나는 칼에 손가락을 베었다.

· cut–cut–cut

8. set

Mom **set** the salad bowl on the table.
엄마는 탁자에 샐러드 그릇을 놓았다.

· set–set–set

9. come

When does he **come** back?
그는 언제 돌아오니?

· come–came–come

10. run

I **ran** to catch the train.
나는 기차를 잡으려고 뛰었다.

· run–ran–run

Unit 34

Memory Box

지친
넓은
강
이야기
길, 방법
(수가) 많은
정오, 한낮
따다, 꺾다
(양이) 많은
재미

Unit 35

Check-up

stand
teach
send
tell
put
run
think
cut
set
come

Date: /

Signature:

New words

- ☐ **home** [houm]　　명 부 집(으로)
- ☐ **point** [pɔint]　　명 끝, 점수 동 가리키다
- ☐ **back** [bæk]　　부 뒤로 명 등
- ☐ **end** [end]　　명 동 끝(나다)
- ☐ **sign** [sain]　　명 신호, 표지 동 서명하다
- ☐ **welcome** [wélkəm]　　명 동 환영(하다)
- ☐ **dark** [dɑːrk]　　형 어두운 명 어둠
- ☐ **dry** [drai]　　형 마른 동 말리다
- ☐ **kind** [kaind]　　형 친절한 명 종류
- ☐ **pretty** [príti]　　형 예쁜 부 꽤

Practice

home

point

back

end

sign

welcome

dark

dry

kind

pretty

WORD SCIENCE

Sentences

1. home
I went **home** after school.
나는 학교가 끝나고 집으로 갔다.

2. point
The knife has a sharp **point**.
그 칼은 끝이 날카롭다.

3. back
I'll be **back** at six o'clock.
나는 6시에 돌아올 것이다.

4. end
What time does the show **end**?
그 쇼는 언제 끝나니?

5. sign
The **sign** says, "No Smoking."
그 표지판은 "금연"이라고 쓰여 있다.

6. welcome
She came running to **welcome** us.
그녀는 우리를 환영하려 달려왔다.

7. dark
It was **dark** in the room.
방 안은 어두웠다.

8. dry
Your socks are **dry**.
네 양말이 말라 있다.

9. kind
The teacher was **kind** to her students.
그 선생님은 학생들에게 친절했다.

10. pretty
The girl is wearing a **pretty** dress.
그 여자아이는 예쁜 드레스를 입고 있다.

Unit 35

Memory Box

보내다
놓다. 넣다
자르다, 베다
서다, 서 있다
생각하다
놓다
가르치다
말하다
오다
달리다

Unit 36

Check-up

dry
kind
pretty
home
point
back
end
sign
welcome
dark

···▶ Dictation Test 12를 위해 117페이지로 이동해 주세요.

Signature: | Score: / 50

A Write down the meanings of the English words.

1. lesson

2. number

3. problem

4. tooth

5. deer

6. mouse

7. laugh

8. night

9. tonight

10. wide

11. much

12. noon

13. teach

14. think

15. set

16. run

17. back

18. welcome

19. dry

20. pretty

B Write the English words for the Korean.

1. 신호, 표지

2. 어두운

3. 친절한

4. 남자, 사람

5. 종종, 자주

6. 알고 있다

7. 듣다

8. 이야기

9. 길, 방법

10. 재미

11. 보내다

12. 끝, 점수, 가리키다

13. 말하다

14. 콩

15. 놓다, 넣다

16. 돈

17. 종이

18. 발

19. 물고기

20. 오다

C Choose the right words to fill in the blanks.

tired	standing	idea	child	light
knee	glass	end	many	woman

1. Dad fixed the _____ switch.

2. The player was _____ after the game.

3. How _____ pencils do you have?

4. She was _____ by the door.

5. What time does the show _____ ?

6. Mom brought me a _____ of water.

7. I have no _____ what to do next.

8. Don't act like a _____ .

9. _____ is not always weaker than man.

10. The baby fell and cut his _____ .

···▸ Online Test 3를 위해 120페이지로 이동해 주세요.

WORD SCIENCE

🎧 Dictation Test 1

Signature:	Score:
	/ 30

● www.pagodabook.com에서 WORD SCIENCE 온라인 테스트를 클릭한 후 해당 Step의
Dictation Test를 선택해서 문제를 듣고 단어와 뜻을 적으세요.

1. _____ / _____

2. _____ / _____

3. _____ / _____

4. _____ / _____

5. _____ / _____

6. _____ / _____

7. _____ / _____

8. _____ / _____

9. _____ / _____

10. _____ / _____

11. _____ / _____

12. _____ / _____

13. _____ / _____

14. _____ / _____

15. _____ / _____

16. _____ / _____

17. _____ / _____

18. _____ / _____

19. _____ / _____

20. _____ / _____

21. _____ / _____

22. _____ / _____

23. _____ / _____

24. _____ / _____

25. _____ / _____

26. _____ / _____

27. _____ / _____

28. _____ / _____

29. _____ / _____

30. _____ / _____

🎧 Dictation Test 2

Signature:

Score:
/ 30

● www.pagodabook.com에서 WORD SCIENCE 온라인 테스트를 클릭한 후 해당 Step의
Dictation Test를 선택해서 문제를 듣고 단어와 뜻을 적으세요.

1. _____ / _____

2. _____ / _____

3. _____ / _____

4. _____ / _____

5. _____ / _____

6. _____ / _____

7. _____ / _____

8. _____ / _____

9. _____ / _____

10. _____ / _____

11. _____ / _____

12. _____ / _____

13. _____ / _____

14. _____ / _____

15. _____ / _____

16. _____ / _____

17. _____ / _____

18. _____ / _____

19. _____ / _____

20. _____ / _____

21. _____ / _____

22. _____ / _____

23. _____ / _____

24. _____ / _____

25. _____ / _____

26. _____ / _____

27. _____ / _____

28. _____ / _____

29. _____ / _____

30. _____ / _____

🎧 Dictation Test 3

Signature:

Score:

/ 30

● www.pagodabook.com에서 WORD SCIENCE 온라인 테스트를 클릭한 후 해당 Step의
Dictation Test를 선택해서 문제를 듣고 단어와 뜻을 적으세요.

1. _____ / _____

2. _____ / _____

3. _____ / _____

4. _____ / _____

5. _____ / _____

6. _____ / _____

7. _____ / _____

8. _____ / _____

9. _____ / _____

10. _____ / _____

11. _____ / _____

12. _____ / _____

13. _____ / _____

14. _____ / _____

15. _____ / _____

16. _____ / _____

17. _____ / _____

18. _____ / _____

19. _____ / _____

20. _____ / _____

21. _____ / _____

22. _____ / _____

23. _____ / _____

24. _____ / _____

25. _____ / _____

26. _____ / _____

27. _____ / _____

28. _____ / _____

29. _____ / _____

30. _____ / _____

🎧 Dictation Test **4**

Signature: | Score:
/ 30

● www.pagodabook.com에서 WORD SCIENCE 온라인 테스트를 클릭한 후 해당 Step의
Dictation Test를 선택해서 문제를 듣고 단어와 뜻을 적으세요.

1. _____ / _____

2. _____ / _____

3. _____ / _____

4. _____ / _____

5. _____ / _____

6. _____ / _____

7. _____ / _____

8. _____ / _____

9. _____ / _____

10. _____ / _____

11. _____ / _____

12. _____ / _____

13. _____ / _____

14. _____ / _____

15. _____ / _____

16. _____ / _____

17. _____ / _____

18. _____ / _____

19. _____ / _____

20. _____ / _____

21. _____ / _____

22. _____ / _____

23. _____ / _____

24. _____ / _____

25. _____ / _____

26. _____ / _____

27. _____ / _____

28. _____ / _____

29. _____ / _____

30. _____ / _____

🎧 Dictation Test **5**

Signature:

Score:

/ 30

● www.pagodabook.com에서 WORD SCIENCE 온라인 테스트를 클릭한 후 해당 Step의 Dictation Test를 선택해서 문제를 듣고 단어와 뜻을 적으세요.

1. _____ / _____

2. _____ / _____

3. _____ / _____

4. _____ / _____

5. _____ / _____

6. _____ / _____

7. _____ / _____

8. _____ / _____

9. _____ / _____

10. _____ / _____

11. _____ / _____

12. _____ / _____

13. _____ / _____

14. _____ / _____

15. _____ / _____

16. _____ / _____

17. _____ / _____

18. _____ / _____

19. _____ / _____

20. _____ / _____

21. _____ / _____

22. _____ / _____

23. _____ / _____

24. _____ / _____

25. _____ / _____

26. _____ / _____

27. _____ / _____

28. _____ / _____

29. _____ / _____

30. _____ / _____

Dictation Test 6

Signature:

Score:

/ 30

● www.pagodabook.com에서 WORD SCIENCE 온라인 테스트를 클릭한 후 해당 Step의 Dictation Test를 선택해서 문제를 듣고 단어와 뜻을 적으세요.

1. _____ / _____

2. _____ / _____

3. _____ / _____

4. _____ / _____

5. _____ / _____

6. _____ / _____

7. _____ / _____

8. _____ / _____

9. _____ / _____

10. _____ / _____

11. _____ / _____

12. _____ / _____

13. _____ / _____

14. _____ / _____

15. _____ / _____

16. _____ / _____

17. _____ / _____

18. _____ / _____

19. _____ / _____

20. _____ / _____

21. _____ / _____

22. _____ / _____

23. _____ / _____

24. _____ / _____

25. _____ / _____

26. _____ / _____

27. _____ / _____

28. _____ / _____

29. _____ / _____

30. _____ / _____

🎧 Dictation Test 7

Signature:

Score:

/ 30

● www.pagodabook.com에서 WORD SCIENCE 온라인 테스트를 클릭한 후 해당 Step의
Dictation Test를 선택해서 문제를 듣고 단어와 뜻을 적으세요.

1. _____ / _____

2. _____ / _____

3. _____ / _____

4. _____ / _____

5. _____ / _____

6. _____ / _____

7. _____ / _____

8. _____ / _____

9. _____ / _____

10. _____ / _____

11. _____ / _____

12. _____ / _____

13. _____ / _____

14. _____ / _____

15. _____ / _____

16. _____ / _____

17. _____ / _____

18. _____ / _____

19. _____ / _____

20. _____ / _____

21. _____ / _____

22. _____ / _____

23. _____ / _____

24. _____ / _____

25. _____ / _____

26. _____ / _____

27. _____ / _____

28. _____ / _____

29. _____ / _____

30. _____ / _____

Dictation Test 8

Signature:

Score: / 30

● www.pagodabook.com에서 WORD SCIENCE 온라인 테스트를 클릭한 후 해당 Step의 Dictation Test를 선택해서 문제를 듣고 단어와 뜻을 적으세요.

1. _____ / _____   16. _____ / _____

2. _____ / _____   17. _____ / _____

3. _____ / _____   18. _____ / _____

4. _____ / _____   19. _____ / _____

5. _____ / _____   20. _____ / _____

6. _____ / _____   21. _____ / _____

7. _____ / _____   22. _____ / _____

8. _____ / _____   23. _____ / _____

9. _____ / _____   24. _____ / _____

10. _____ / _____   25. _____ / _____

11. _____ / _____   26. _____ / _____

12. _____ / _____   27. _____ / _____

13. _____ / _____   28. _____ / _____

14. _____ / _____   29. _____ / _____

15. _____ / _____   30. _____ / _____

🎧 Dictation Test 9

Signature: Score:
     / 30

◉ www.pagodabook.com에서 WORD SCIENCE 온라인 테스트를 클릭한 후 해당 Step의 Dictation Test를 선택해서 문제를 듣고 단어와 뜻을 적으세요.

1. _____ / _____

2. _____ / _____

3. _____ / _____

4. _____ / _____

5. _____ / _____

6. _____ / _____

7. _____ / _____

8. _____ / _____

9. _____ / _____

10. _____ / _____

11. _____ / _____

12. _____ / _____

13. _____ / _____

14. _____ / _____

15. _____ / _____

16. _____ / _____

17. _____ / _____

18. _____ / _____

19. _____ / _____

20. _____ / _____

21. _____ / _____

22. _____ / _____

23. _____ / _____

24. _____ / _____

25. _____ / _____

26. _____ / _____

27. _____ / _____

28. _____ / _____

29. _____ / _____

30. _____ / _____

🎧 Dictation Test 10

Signature:　　　　　Score:

/ 30

● www.pagodabook.com에서 WORD SCIENCE 온라인 테스트를 클릭한 후 해당 Step의 Dictation Test를 선택해서 문제를 듣고 단어와 뜻을 적으세요.

1. _____ / _____

2. _____ / _____

3. _____ / _____

4. _____ / _____

5. _____ / _____

6. _____ / _____

7. _____ / _____

8. _____ / _____

9. _____ / _____

10. _____ / _____

11. _____ / _____

12. _____ / _____

13. _____ / _____

14. _____ / _____

15. _____ / _____

16. _____ / _____

17. _____ / _____

18. _____ / _____

19. _____ / _____

20. _____ / _____

21. _____ / _____

22. _____ / _____

23. _____ / _____

24. _____ / _____

25. _____ / _____

26. _____ / _____

27. _____ / _____

28. _____ / _____

29. _____ / _____

30. _____ / _____

🎧 Dictation Test 11

Signature:	Score:
	/ 30

● www.pagodabook.com에서 WORD SCIENCE 온라인 테스트를 클릭한 후 해당 Step의
Dictation Test를 선택해서 문제를 듣고 단어와 뜻을 적으세요.

1. _____ / _____

2. _____ / _____

3. _____ / _____

4. _____ / _____

5. _____ / _____

6. _____ / _____

7. _____ / _____

8. _____ / _____

9. _____ / _____

10. _____ / _____

11. _____ / _____

12. _____ / _____

13. _____ / _____

14. _____ / _____

15. _____ / _____

16. _____ / _____

17. _____ / _____

18. _____ / _____

19. _____ / _____

20. _____ / _____

21. _____ / _____

22. _____ / _____

23. _____ / _____

24. _____ / _____

25. _____ / _____

26. _____ / _____

27. _____ / _____

28. _____ / _____

29. _____ / _____

30. _____ / _____

Dictation Test 12

Signature:

Score:

/ 30

● www.pagodabook.com에서 WORD SCIENCE 온라인 테스트를 클릭한 후 해당 Step의
Dictation Test를 선택해서 문제를 듣고 단어와 뜻을 적으세요.

1. _____ / _____

2. _____ / _____

3. _____ / _____

4. _____ / _____

5. _____ / _____

6. _____ / _____

7. _____ / _____

8. _____ / _____

9. _____ / _____

10. _____ / _____

11. _____ / _____

12. _____ / _____

13. _____ / _____

14. _____ / _____

15. _____ / _____

16. _____ / _____

17. _____ / _____

18. _____ / _____

19. _____ / _____

20. _____ / _____

21. _____ / _____

22. _____ / _____

23. _____ / _____

24. _____ / _____

25. _____ / _____

26. _____ / _____

27. _____ / _____

28. _____ / _____

29. _____ / _____

30. _____ / _____

Online Test 1

Signature:

Score:
/ 100

● www.pagodabook.com에서 WORD SCIENCE 온라인 테스트를 클릭한 후 해당 Step의 Online Test를 선택하세요.

Test 채점표를 아래 박스 위에 붙이세요.

WORD SCIENCE STEP 1
On-line Test 1

Online Test 2

Signature:　　　　Score:
　　　　　　　　　/ 100

● www.pagodabook.com에서 WORD SCIENCE 온라인 테스트를 클릭한 후 해당 Step의
Online Test를 선택하세요.

· Test 채점표를 아래 박스 위에 붙이세요.

Online Test 3

Signature:

Score:

/ 100

● www.pagodabook.com에서 WORD SCIENCE 온라인 테스트를 클릭한 후 해당 Step의 Online Test를 선택하세요.

Test 채점표를 아래 박스 위에 붙이세요.

WORD SCIENCE STEP 1
On-line Test 3

WORD SCIENCE

Part Test 1

Ⓐ
1. bear 곰
2. cold 추운
3. small 작은
4. duck 오리
5. snow 눈
6. lion 사자
7. zebra 얼룩말
8. clean 깨끗한
9. rich 부유한
10. flower 꽃
11. tree 나무
12. desk 책상
13. help 돕다
14. pencil 연필
15. ready 준비가 된
16. chair 의자
17. strong 힘센, 강한
18. learn 배우다
19. stay 머무르다
20. push 밀다

Ⓑ
1. 돌고래 dolphin
2. 말 horse
3. 강아지 puppy
4. 돌리다 turn
5. 보다 look
6. 젊은, 어린 young
7. 구름 cloud
8. 더러운 dirty
9. 수업, 학급 class
10. 짧은, 키가 작은 short
11. 느린 slow
12. 미안한 sorry
13. 바다 sea
14. 별 star
15. 바람 wind
16. 쪽, 페이지 page
17. 학생 student
18. 즐기다 enjoy
19. 당기다, 끌다 pull
20. 가난한 poor

Ⓒ
1. elephant
2. sky
3. jumped
4. school
5. nice
6. Monkeys
7. quiet
8. sun
9. play
10. old

Part Test 2

Ⓐ
1. bowl 그릇, 통
2. mother 어머니
3. aunt 고모, 이모
4. chin 턱
5. hair 머리카락
6. nose 코
7. able …할 수 있는
8. fat 살찐, 뚱뚱한
9. long (길이, 거리가) 긴
10. wash 씻다
11. low 낮은
12. ugly 추한, 못생긴
13. door 문
14. king 왕
15. arrive 도착하다
16. lamp 램프
17. table 테이블, 탁자
18. hate 몹시 싫어하다
19. sad 슬픈
20. hard 어려운

Ⓑ
1. 접시 dish
2. 춤추다 dance
3. 행복한 happy
4. 배고픈 hungry
5. 남자 조카 nephew
6. 얼굴 face
7. 머리 head
8. 목 neck
9. 어깨 shoulder
10. 쉬운 easy
11. 귀여운 cute
12. 시작하다 start
13. 집 house
14. 창(문) window
15. 여왕, 왕비 queen
16. 한가한, 자유로운 free
17. 걷다 walk
18. 형제 brother
19. 방문하다 visit
20. 아름다운, 예쁜 beautiful

Ⓒ
1. uncle
2. kitchen
3. spoon
4. fine
5. ears
6. hands
7. absent
8. full
9. high
10. waited

Part Test 3   Unit 13~Unit 18

Ⓐ 1. soap 비누
2. orange 오렌지색(의)
3. television 텔레비전
4. open 열다
5. grandfather 할아버지
6. try 시도하다
7. bottle 병
8. there 거기에
9. chest 가슴
10. animal 동물
11. brown 갈색(의)
12. blanket 담요
13. purple 자주색(의)
14. use 사용하다
15. yellow 노란색(의)
16. act 행동하다
17. arm 팔
18. right 오른쪽(으로)
19. lady 숙녀
20. early 일찍, 이른

Ⓑ 1. 신사 gentleman
2. 안쪽에, 안쪽으로 inside
3. 미소 짓다 smile
4. 공부하다 study
5. 늦은, 늦게 late
6. 타월, 수건 towel
7. 닫다 close
8. 할머니 grandmother
9. 멈추다 stop
10. 입 mouth
11. 시계 clock
12. 검은색(의) black
13. 나라, 시골 country
14. 녹색(의) green
15. 바구니 basket
16. 거울 mirror
17. 사랑하다 love
18. 테니스 tennis
19. 전화(기) telephone
20. 흰색(의) white

Ⓒ 1. left
2. outside
3. bell
4. toilet
5. cried
6. body
7. friend
8. color
9. finger
10. people

Part Test 4   Unit 19~Unit 24

Ⓐ 1. vegetable 채소
2. just 바로, 꼭, 막
3. bread 빵
4. together 함께
5. see 보다, 만나다
6. well 잘
7. speak 말하다
8. pear (서양) 배
9. hour 시각, 한 시간
10. around …의 주위에, …의 둘레에
11. evening 저녁
12. between …의 사이에
13. jacket 재킷, 웃옷
14. under …의 아래에
15. shoes 신, 구두
16. socks 양말
17. swim 수영하다
18. month 달
19. eat 먹다
20. always 항상, 언제나

Ⓑ 1. 쇠고기 beef
2. 깨다, 부수다 break
3. 감자 potato
4. 그때에 then
5. 과일 fruit
6. 주 week
7. …에 대한 about
8. 장화, 부츠 boots
9. 스커트, 치마 skirt
10. …의 뒤에 behind
11. …로부터 from
12. 오후 afternoon
13. 아침, 오전 morning
14. 시작하다 begin
15. 진(데님) 바지 jeans
16. 다시 again
17. 뒤로 backward
18. 그리다 draw
19. 대단히 very
20. 주다 give

Ⓒ 1. minutes
2. day
3. across
4. over
5. clothes
6. pants
7. wearing
8. pork
9. week
10. meat

Part Test 5 Unit 25~Unit 30

Ⓐ
1. ship (큰) 배
2. sell 팔다
3. call 전화를 걸다, 통화
4. fly 날다, 파리
5. church 교회
6. dinner 저녁 식사, 정찬
7. pocket 호주머니
8. who 누구, 누가
9. brush 닦다, 빗, 솔
10. get 사다, 얻다
11. song 노래
12. ring 반지, 울리다
13. candy 사탕, 캔디
14. count 세다, 계산하다
15. lunch 점심
16. park 공원
17. bring 가져오다, 데려오다
18. make 만들다
19. sugar 설탕
20. pay 지불하다

Ⓑ
1. 자전거 bicycle
2. 말하다 say
3. 시장 market
4. 읍, 소도시 town
5. 어디에, 어디로 where
6. 아침 식사 breakfast
7. …시키다 let
8. 우유 milk
9. 찾다, 알다 find
10. 은행 bank
11. 대답(하다) answer
12. 후추 pepper
13. 가지고 있다 have
14. 영화 movie
15. 이해하다 understand
16. 보다, 손목시계 watch
17. 풍선 balloon
18. 묶다, 넥타이 tie
19. 스위치, 바꾸다 switch
20. 만나다 meet

Ⓒ
1. hospital
2. garden
3. must
4. lie
5. eggs
6. rice
7. missed
8. catch
9. train
10. music

Part Test 6 Unit 31~Unit 36

Ⓐ
1. lesson 수업, (교과서의) 과
2. number 번호, 수
3. problem 문제
4. tooth 이, 이빨
5. deer 사슴
6. mouse 생쥐
7. laugh 웃다
8. night 밤
9. tonight 오늘 밤(에)
10. wide 넓은
11. much (양이) 많은
12. noon 정오, 한낮
13. teach 가르치다
14. think 생각하다
15. set 놓다
16. run 달리다
17. back 뒤로, 등
18. welcome 환영(하다)
19. dry 마른, 말리다
20. pretty 예쁜, 꽤

Ⓑ
1. 신호, 표지 sign
2. 어두운 dark
3. 친절한 kind
4. 남자, 사람 man
5. 종종, 자주 often
6. 알고 있다 know
7. 듣다 listen
8. 이야기 story
9. 길, 방법 way
10. 재미 fun
11. 보내다 send
12. 끝, 점수, 가리키다 point
13. 말하다 tell
14. 콩 bean
15. 놓다, 넣다 put
16. 돈 money
17. 종이 paper
18. 발 foot
19. 물고기 fish
20. 오다 come

Ⓒ
1. light
2. tired
3. many
4. standing
5. end
6. glass
7. idea
8. child
9. Woman
10. knee

Dictation 1

1. sky / 하늘
2. puppy / 강아지
3. book / 책
4. chair / 의자
5. snow / 눈
6. bear / 곰
7. chalk / 분필
8. dolphin / 돌고래
9. class / 수업, 학급
10. star / 별
11. duck / 오리
12. elephant / 코끼리
13. flower / 꽃
14. desk / 책상
15. sea / 바다
16. monkey / 원숭이
17. sun / 태양
18. tree / 나무
19. wind / 바람
20. zebra / 얼룩말
21. goat / 염소
22. student / 학생
23. horse / 말
24. lion / 사자
25. map / 지도
26. page / 쪽, 페이지
27. cloud / 구름
28. pencil / 연필
29. rain / 비
30. school / 학교

Dictation 2

1. poor / 가난한
2. pull / 당기다, 끌다
3. enjoy / 즐기다
4. good / 좋은, 즐거운
5. sick / 아픈
6. stay / 머무르다
7. jump / 뛰다
8. turn / 돌리다
9. new / 새로운
10. look / 보다
11. strong / 힘센, 강한
12. nice / 좋은, 기쁜
13. old / 늙은, …살의
14. slow / 느린
15. cold / 추운
16. bad / 나쁜
17. dirty / 더러운
18. hot / 더운
19. rich / 부유한
20. play / 연주하다, 놀다
21. help / 돕다
22. push / 밀다
23. quiet / 조용한
24. ready / 준비가 된
25. short / 짧은, 키가 작은
26. learn / 배우다
27. small / 작은
28. clean / 깨끗한
29. sorry / 미안한
30. young / 젊은, 어린

Dictation 3

1. aunt / 고모, 이모
2. bowl / 그릇, 통
3. brother / 형제
4. chin / 턱
5. cousin / 사촌
6. dish / 접시
7. door / 문
8. ear / 귀
9. face / 얼굴
10. father / 아버지
11. hair / 머리카락
12. hand / 손
13. head / 머리
14. house / 집
15. king / 왕
16. kitchen / 부엌
17. lamp / 램프
18. leg / 다리
19. mother / 어머니
20. neck / 목
21. nephew / 남자 조카
22. nose / 코
23. queen / 여왕, 왕비
24. room / 방
25. shoulder / 어깨
26. sister / 여자형제, 자매
27. spoon / 숟가락, 스푼
28. table / 테이블, 탁자
29. uncle / (외)삼촌
30. window / 창(문)

Dictation 4

1. absent / 결석의
2. walk / 걷다
3. arrive / 도착하다
4. beautiful / 아름다운, 예쁜
5. cute / 귀여운
6. dance / 춤추다
7. easy / 쉬운
8. fat / 살찐, 뚱뚱한
9. able / …할 수 있는
10. finish / 끝내다
11. glad / 기쁜
12. free / 한가한, 자유로운
13. want / …을 원하다
14. full / 배부른, 가득한
15. great / 큰, 위대한
16. happy / 행복한
17. fine / 좋은, 훌륭한
18. hard / 어려운
19. hungry / 배고픈
20. ill / 병든
21. long / (길이, 거리가) 긴
22. high / 높은
23. hate / 몹시 싫어하다
24. low / 낮은
25. sad / 슬픈
26. ugly / 추한, 못생긴
27. visit / 방문하다
28. start / 시작하다
29. wait / 기다리다
30. wash / 씻다

Dictation 5
Unit 13~Unit 15

1. television / 텔레비전
2. arm / 팔
3. basket / 바구니
4. grandmother / 할머니
5. body / 몸
6. tennis / 테니스
7. grandfather / 할아버지
8. bottle / 병
9. toe / 발가락
10. boy / 소년, 남자아이

11. chest / 가슴
12. animal / 동물
13. clock / 시계
14. bell / 종, 방울
15. country / 나라, 시골
16. doll / 인형
17. finger / 손가락
18. blanket / 담요
19. friend / 친구, 벗
20. gentleman / 신사

21. telephone / 전화(기)
22. girl / 소녀, 여자아이
23. lady / 숙녀
24. mirror / 거울
25. bird / 새
26. toilet / 화장실
27. mouth / 입
28. people / 사람들
29. soap / 비누
30. towel / 타월, 수건

Dictation 6
Unit 16~Unit 18

1. black / 검은색(의)
2. close / 닫다
3. orange / 오렌지색(의)
4. color / 색, 빛깔
5. like / 좋아하다
6. act / 행동하다
7. cry / 울다
8. early / 일찍, 이른
9. green / 녹색(의)
10. here / 여기에

11. inside / 안쪽에, 안쪽으로
12. gray / 회색(의)
13. late / 늦은, 늦게
14. outside / 바깥쪽에, 바깥쪽으로
15. left / 왼쪽(으로)
16. yellow / 노란색(의)
17. live / 살다
18. open / 열다
19. purple / 자주색(의)
20. right / 오른쪽(으로)

21. smile / 미소 짓다
22. love / 사랑하다
23. stop / 멈추다
24. there / 거기에
25. blue / 파란색(의)
26. try / 시도하다
27. use / 사용하다
28. white / 흰색(의)
29. brown / 갈색(의)
30. study / 공부하다

Dictation 7
Unit 19~Unit 21

1. beef / 쇠고기
2. coat / 외투, 코트
3. day / 날, 하루
4. evening / 저녁
5. fruit / 과일
6. hour / 시각, 한 시간
7. jacket / 재킷, 웃옷
8. boots / 장화, 부츠
9. jeans / 진(데님) 바지
10. meat / 고기

11. bread / 빵
12. minute / 분, 잠깐
13. pants / 바지
14. month / 달
15. pear / (서양) 배
16. morning / 아침, 오전
17. apple / 사과
18. belt / 띠, 벨트
19. chicken / 닭고기
20. afternoon / 오후

21. clothes / 옷, 의복
22. pork / 돼지고기
23. shoes / 신, 구두
24. potato / 감자
25. skirt / 스커트, 치마
26. time / 시간, 시각
27. vegetable / 채소
28. week / 주
29. year / 해, 년
30. socks / 양말

Dictation 8
Unit 22~Unit 24

1. see / 보다, 만나다
2. well / 잘
3. across / …을 가로 질러서
4. backward / 뒤로, 거꾸로
5. about / …에 대한
6. sing / 노래하다
7. begin / 시작하다
8. after / …후에, …뒤에
9. behind / …의 뒤에
10. again / 다시

11. between / …의 사이에
12. together / 함께
13. always / 항상, 언제나
14. break / 깨다, 부수다
15. draw / 그리다
16. eat / 먹다
17. from / …로부터
18. give / 주다
19. into / …안으로
20. once / 한 번

21. around / …의 주위에, …의 둘레에
22. over / …의 위에, …의 위로
23. swim / 수영하다
24. then / 그때에
25. speak / 말하다
26. too / 너무(나)
27. under / …의 아래에
28. very / 대단히, 몹시
29. wear / 입고 있다, 쓰고 있다
30. just / 바로, 꼭, 막

Dictation 9

1. balloon / 풍선
2. candy / 사탕, 캔디
3. music / 음악
4. church / 교회
5. pocket / 호주머니
6. cookie / 쿠키
7. dinner / 저녁 식사, 정찬
8. egg / 달걀, 알
9. garden / 정원
10. hospital / 병원
11. lunch / 점심
12. market / 시장
13. bicycle / 자전거
14. milk / 우유
15. ship / (큰) 배
16. movie / 영화
17. park / 공원
18. city / 도시
19. pepper / 후추
20. rice / 쌀, 밥, 벼
21. soccer / 축구
22. bank / 은행
23. song / 노래
24. boat / 보트, 배
25. sugar / 설탕
26. train / 기차
27. supper / 저녁 식사
28. town / 읍, 소도시
29. zoo / 동물원
30. breakfast / 아침 식사

Dictation 10

1. buy / 사(주)다
2. answer / 대답(하다)
3. miss / 놓치다
4. brush / 닦다, 빗, 솔
5. call / 전화를 걸다, 통화
6. how / 어떻게, 얼마나
7. catch / 잡다
8. bring / 가져오다, 데려오다
9. cook / 요리사, 요리하다
10. find / 찾다, 알다
11. count / 세다, 계산하다
12. fly / 날다, 파리
13. get / 사다, 얻다
14. have / 가지고 있다
15. let / …시키다
16. where / 어디에, 어디로
17. lie / 거짓말, 드러눕다
18. make / 만들다
19. what / 무엇, 무슨
20. meet / 만나다
21. pay / 지불하다
22. ring / 반지, 울리다
23. say / 말하다
24. must / …해야 한다
25. sell / 팔다
26. who / 누구, 누가
27. switch / 스위치, 바꾸다
28. tie / 묶다, 넥타이
29. understand / 이해하다
30. watch / 보다, 손목시계

Dictation 11

1. know / 알고 있다
2. bean / 콩
3. glass / 유리(잔)
4. idea / 생각, 의견
5. lesson / 수업, (교과서의) 과
6. money / 돈
7. name / 이름
8. paper / 종이
9. number / 번호, 수
10. laugh / 웃다
11. problem / 문제
12. ball / 공
13. child / 어린이, 아이
14. foot / 발
15. tooth / 이, 이빨
16. fish / 물고기
17. sheep / 양
18. deer / 사슴
19. man / 남자, 사람
20. woman / 여자
21. ox / 수소
22. mouse / 생쥐
23. knee / 무릎
24. tonight / 오늘 밤(에)
25. knife / 칼
26. light / 등불, 빛
27. night / 밤
28. often / 종종, 자주
29. thumb / 엄지손가락
30. listen / 듣다

Dictation 12

1. sign / 신호, 표지, 서명하다
2. cut / 자르다, 베다
3. tired / 지친
4. story / 이야기
5. put / 놓다, 넣다
6. dry / 마른, 말리다
7. set / 놓다
8. end / 끝(나다)
9. fun / 재미
10. home / 집(으로)
11. welcome / 환영(하다)
12. kind / 친절한, 종류
13. river / 강
14. teach / 가르치다
15. many / (수가) 많은
16. back / 뒤로, 등
17. much / (양이) 많은
18. tell / 말하다
19. send / 보내다
20. noon / 정오, 한낮
21. pick / 따다, 꺾다
22. come / 오다
23. wide / 넓은
24. point / 끝, 점수, 가리키다
25. dark / 어두운, 어둠
26. pretty / 예쁜, 꽤
27. run / 달리다
28. stand / 서다, 서 있다
29. think / 생각하다
30. way / 길, 방법